T0161161

ÉTUDES

DU MÊME AUTEUR

à la même librairie

Étude sur l'évolution d'un problème de physique (1973)
Le pluralisme cohérent de la chimie moderne (1973)
Essai sur la connaissance approchée (1981)
La formation de l'esprit scientifique (1993)

chez d'autres éditeurs

L'activité rationaliste de la physique contemporaine, Paris, P.U.F.,
   1965
La psychanalyse du feu, Paris, Gallimard, 1985
Lautréamont, Paris, Corti, 1986
L'air et les songes, Paris, Corti, 1987
La terre et les rêveries du repos, Paris, Corti, 1988
La terre et les rêveries de la volonté, Paris, Corti, 1988
Fragments d'une poétique du feu, Paris, P.U.F., 1988
L'eau et les rêves, Paris, Corti, 1991
L'air et les songes, "Biblio-Essais", Paris, Le Livre de Poche, 1992
L'eau et les rêves, "Biblio-Essais", Paris, Le Livre de Poche, 1993
L'intuition de l'instant, Paris, Stock, 1993
L'intuition de l'instant, "Biblio-Essais", Paris, Le Livre de Poche,
   1994
La flamme d'une chandelle, Paris, P.U.F., 1996
La poétique de la rêverie, Paris, P.U.F., 1997
Le rationalisme appliqué, Paris, P.U.F., 1998
Le nouvel esprit scientifique, Paris, P.U.F., 1999
Le matérialisme rationnel, Paris, P.U.F., 2000
La poétique de l'espace, Paris, P.U.F., 2001
Le droit de rêver, Paris, P.U.F., 2001
La dialectique de la durée, Paris, P.U.F., 2001
La philosophie du non, Paris, P.U.F., 2002

BIBLIOTHÈQUE D'HISTOIRE DE LA PHILOSOPHIE

Fondateur : Henri GOUHIER   Directeur : Jean-François COURTINE

Gaston **BACHELARD**

ÉTUDES

Présentation
Georges CANGUILHEM

Deuxième édition

PARIS
LIBRAIRIE PHILOSOPHIQUE J. VRIN
6, Place de la Sorbonne, Vᵉ
2002

© *Librairie Philosophique J. VRIN,* 1970, 2002
Imprimé en France
ISBN 2-7116-0046-7

PRÉSENTATION

« J'étudie ! Je ne suis que le sujet du verbe étudier. Penser, je n'ose. Avant de penser il faut étudier. Seuls les philosophes pensent avant d'étudier »[1]. Dans son dernier livre, quelques mois avant sa brève maladie et sa mort, Gaston Bachelard s'est défini comme un étudiant. Nous n'avons pas cru lui être infidèle en présentant comme *Études* quelques travaux anciens, composés entre 1931 et 1934, et dont il faut dire brièvement quel intérêt a paru justifier leur recueil.

L'*Essai sur la connaisance approchée* a été soutenu comme thèse de doctorat en 1927. *La valeur inductive de la relativité* a été publiée en 1929. *Le pluralisme cohérent de la chimie moderne* est de 1932, contemporain du premier des articles ici rassemblés. Donc, en 1932, Gaston Bachelard a déjà composé un premier groupe organique d'ouvrages d'épistémologie, dans lesquels il n'est pas difficile, du fait même de leurs titres, d'apercevoir la détection systématique des traits distinctifs de la science, au début du xxᵉ siècle : approximation, inductivité, cohérence. En 1934, *Le nouvel esprit scientifique* vient frapper de stupeur bien des philosophes. Dès le début, Bachelard proclame que « la science crée de la philosophie » ; vers la fin, au

1. G. Bachelard, *La flamme d'une chandelle*, « Quadrige », Paris, P.U.F., 1996, p. 55.

terme d'un chapitre irrévérencieusement consacré à l'épistémologie non-cartésienne, il déclare : « Il y a des pensées qui ne
recommencent pas ». En 1938, Bachelard, par la publication
simultanée de *La formation de l'esprit scientifique* et de *La
psychanalyse du feu,* révèle la bipolarité cohérente – bien que
pour certains fort déconcertante – de sa philosophie. On connaît
la suite, sur les deux chemins, jusqu'au *Matérialisme rationnel*
(1953) d'une part, jusqu'à *La poétique de la rêverie* (1960)
d'autre part.

Les quatre articles et la communication de congrès, ici représentés dans leur ordre chronologique, méritent de retenir l'attention pour leur éclairement de la période intermédiaire entre le
premier groupe d'ouvrages et la double série à partir de 1934.
Nous les tenons pour des études réfléchies, intérieurement soute-
nues par une visée précisément dirigée, pour des exercices prépa-
ratoires d'exécution. Pour qui les relit de près, ces études portent
trace d'itinéraires de recherche et de problématiques, dont les
trois ouvrages de la période 1927-1932 ne contiennent pas
d'indications perceptibles.

Dans *Noumène et Microphysique* apparaît, pour la première
fois semble-t-il, le terme de « phénoménotechnique » qui devien-
dra, à partir de 1934, une catégorie fondamentale de l'épistémologie de Bachelard, progressivement plus défiante à l'égard
de toute phénoménologie du savoir. Avant d'écrire, en 1934, que
la science crée de la philosophie, Bachelard le montre par
l'exemple, en célébrant la relève de la métaphysique par la
« métatechnique d'une nature artificielle ».

Si la science crée de la philosophie, il faut admettre, réciproquement, que la philosophie soit mal fondée à assigner à la
science des limites. La *Critique du concept de frontière épistémologique* oppose au concept religieux ou juridique de frontière
métaphysique infranchissable le concept opératoire de limite à
transgresser expérimentalement. De l'arrêt de la recherche, à un
moment donné, le savant se fait un programme, quand le métaphysicien lui prédit une capitulation. On pressent, à cette occasion, que Bachelard a déjà entrevu le pouvoir illimité de l'imagi-

nation, aux dimensions duquel il égale le pouvoir d'assimilation par la science de ses lisières temporaires. «Par certains côtés, il ne nous semble pas plus utile de parler des frontières de la Chimie que des frontières de la Poésie ».

Idéalisme discursif semble écrit pour préparer les esprits à recevoir la leçon du nouvel esprit scientifique. La suite des ouvrages épistémologiques à venir n'y est sans doute pas préformée, mais elle n'y apportera aucun démenti, aucun repentir. «Il faut errer pour aboutir (…). Il ne saurait y avoir de vérité *première*; il n'y a que des erreurs *premières* ». Pour le moment nous avons affaire à une philosophie encore oscillante, qui va du sujet à l'objet et vice-versa. Mais s'y annonce la constitution du sujet par la construction de l'objet. Le sujet n'est constituant que par la destitution de ce qu'il prenait d'abord pour l'objet. «Je suis la limite de mes illusions perdues ».

Le concept d'obstacle épistémologique, sans toutefois qu'il soit nommé, est présent dans *Lumière et Substance*. La dénonciation du réalisme de Schopenhauer, en matière de philosophie des sciences physiques, fait appel à une psychologie de l'auteur qui est déjà une psychanalyse de ses métaphores familières. Derrière le réalisme schopenhauerien, Bachelard nous fait soupçonner «une avarice de célibataire ».

Des cinq textes réunis, *Le monde comme caprice et miniature* est celui qui semble d'abord le plus rétif à son insertion dans un ensemble et le moins propre à être présenté comme préparation à quelque suite. Bachelard y traite des rapports de la rêverie et de la perception de l'espace, en utilisant des travaux de psychologues, de bonne tenue d'ailleurs. Le moment n'est pas encore venu où Bachelard écrira: «Mais un philosophe peut-il devenir psychologue? Peut-il plier son orgueil jusqu'à se contenter de la constatation des faits alors qu'il est entré, avec toutes les passions requises, dans le domaine des valeurs? »[1]. Et cependant les thèmes resteront, quand la méthode aura changé. La miniature

---

1. G. Bachelard, *La poétique de la rêverie*, «Quadrige », Paris, P.U.F., 1999, p. 2.

fait l'objet du paragraphe troisième du chapitre premier de *La terre et les rêveries du repos,* du septième chapitre de *La poétique de l'espace.* Et ne peut-on penser, même, que la méthode est déjà en train de changer ? La fin de cet article est une confidence et un avertissement que l'on n'a pas su lire sur le champ. Dès 1933, la complaisance à ce qu'il nomme « le fruit défendu des hallucinations lilliputiennes » nous est présentée par Bachelard comme l'expression d'une rêverie au travail sans hâte.

Gaston Bachelard est, maintenant, né double et complet. Sa vie de philosophe va s'accomplir, dans un labeur uni selon deux temporalités bien distinctes : le temps accéléré de l'impatience épistémologique, anxieuse à l'idée d'être distancée par le renouvellement dialectique du savoir, le temps paresseux de la rêverie, « non tourmentée par des censures ». Il fallait inventer en philosophie le dualisme sans excommunication mutuelle du réel et de l'imaginaire. Gaston Bachelard est l'auteur de cette invention, par l'application hardie d'un nouveau principe de complémentarité. Les *Études* de la période 1931-1934 sont à la fois les témoins et les premiers fruits de cette invention.

Georges Canguilhem

CHAPITRE PREMIER

NOUMÈNE ET MICROPHYSIQUE*

À la fin du siècle dernier, on croyait encore au caractère empiriquement unifié de notre connaissance du réel. C'était même une conclusion où les philosophies les plus hostiles se réconciliaient. En effet, l'unité de l'expérience apparaît à un double point de vue : pour les empiristes, l'expérience est uniforme dans son essence parce que tout vient de la sensation ; pour les idéalistes, l'expérience est uniforme parce qu'elle est imperméable à la raison. Dans l'adoption comme dans le refus, l'être empirique forme un bloc absolu. De toute manière, croyant écarter tout souci philosophique, la science du siècle dernier s'offrait comme une connaissance homogène, comme la science de notre propre monde, au contact de l'expérience quotidienne, organisée par une raison universelle et stable, avec la sanction finale de notre intérêt commun. Le savant était, au sens de Conrad, « l'un d'entre nous ». Il vivait dans notre réalité, maniait nos objets, s'éduquait avec notre phénomène, trouvait l'évidence dans la clarté de nos intuitions. Il développait ses démonstrations en suivant notre géométrie et notre mécanique. Il ne discutait pas les principes de la mesure, il laissait le mathématicien

* *Recherches philosophiques*, I, 1931-1932, p. 55-65.

au jeu des axiomes. Il comptait des choses séparées, il ne postulait pas des nombres qui ne sont plus tout à fait nos nombres. De lui à nous, c'était tout naturellement la même arithmétique. La science et la philosophie parlaient le même langage.

C'est encore cette science pour philosophes que nous enseignons à nos enfants. C'est la science expérimentale des instructions ministérielles : pesez, mesurez, comptez ; méfiez-vous de l'abstrait, de la règle ; attachez les jeunes esprits au concret, au fait. Voir pour comprendre, tel est l'idéal de cette étrange pédagogie. Tant pis si la pensée va ensuite du phénomène mal vu à l'expérience mal faite. Tant pis si la liaison épistémologique ainsi établie va du prélogique de l'observation immédiate à sa vérification toujours infaillible par l'expérience commune, au lieu d'aller du programme rationnel de recherches à l'isolement et à la définition expérimentale du fait scientifique toujours factice, délicat et caché.

Mais voici que la Physique contemporaine nous apporte des messages d'un monde inconnu. Ces messages sont rédigés en « hiéroglyphes », suivant l'expression de Walter Ritz. En essayant de les déchiffrer, on s'aperçoit que les signes inconnus s'interprètent mal dans le plan de nos habitudes psychologiques. Ils paraissent en particulier réfractaires à l'analyse usuelle qui sépare une chose de son action. Dans le monde inconnu qu'est l'atome, y aurait-il donc une sorte de fusion entre l'acte et l'être, entre l'onde et le corpuscule ? Faut-il parler d'aspects complémentaires, ou de réalités complémentaires ? Ne s'agit-il pas d'une coopération plus profonde de l'objet et du mouvement, d'une énergie complexe où convergent ce qui est et ce qui devient ? Finalement, comme ces phénomènes ambigus ne désignent jamais *nos choses*, c'est un problème d'une grande portée philosophique de se demander s'ils désignent *des choses*. D'où un bouleversement total des principes réalistes de la syntaxe de l'infiniment petit. Dans cette syntaxe, le substantif est désormais trop mal défini pour régner sur la phrase. Ce n'est donc plus la *chose* qui pourra nous instruire directement comme le proclamait la foi empirique. On n'augmentera pas la connaissance d'un objet ultra-microscopique en l'isolant. Isolé, un corpuscule devient un centre d'irradiation pour un phénomène plus gros. Pris dans son rôle physique, il est plutôt un moyen d'analyse qu'un objet pour la connaissance empirique. C'est un prétexte de pensée, ce n'est pas un monde à explorer. Inutile de pousser l'analyse jusqu'à isoler à tous les points de vue un objet unique, car il semble bien que dans le monde de la microphysique l'unique perde ses propriétés substantielles. Il n'y a alors de propriétés substantielles qu'au-dessus – non pas au-dessous – des objets microscopiques. La substance de l'infiniment petit est contemporaine de la relation.

Si le réel se désindividualise physiquement en allant vers ces régions profondes de la physique infinitésimale, le savant va donner plus d'importance à l'organisation rationnelle de ses expériences au fur et à mesure qu'il en fera croître la précision. Une mesure précise est toujours une mesure complexe ; c'est donc une expérience organisée rationnellement. D'où un deuxième bouleversement dans l'épistémologie contemporaine. Nous devons en souligner l'importance philosophique. Il nous semble, en effet, que la construction mathématique des hypothèses atomiques vient contredire la théorie qui attribuait à ces hypothèses un rôle effacé et provisoire. On prenait au XIXe siècle les hypothèses scientifiques comme des organisations schématiques ou même pédagogiques. On aimait à répéter qu'elles étaient de simples moyens d'expression. La science, croyait-on, était réelle, par ses *objets*, hypothétique par les *liaisons* établies entre les objets. À la moindre contradiction, à la moindre difficulté expérimentale, on abandonnait ces hypothèses de liaison que l'on taxait de conventionnelles, comme si une convention scientifique avait d'autre moyen d'être objective que le caractère rationnel ! Le nouveau physicien a donc renversé la perspective de l'hypothèse patiemment dessinée par Vaihinger. Ce sont maintenant les objets qui sont représentés par des métaphores, c'est leur organisation qui fait figure de réalité. Autrement dit, ce qui est hypothétique maintenant, c'est *notre* phénomène ; car notre prise immédiate sur le réel ne joue que comme une donnée confuse, provisoire, conventionnelle, et cette prise phénoménologique réclame inventaire et classement. Par contre, c'est la réflexion qui donnera un sens au phénomène initial en suggérant une *suite organique* de recherches, une perspective rationnelle d'expériences. Nous ne pouvons avoir *a priori* aucune confiance en l'instruction que le donné immédiat prétend nous fournir. Ce n'est pas un juge, ni même un témoin ; c'est un accusé et c'est un accusé qu'on convainc tôt ou tard de mensonge. La connaissance scientifique est toujours la réforme d'une illusion. Nous ne pouvons donc plus voir dans la description, même minutieuse, d'un monde immédiat qu'une *phénoménologie de travail* dans le sens même où l'on parlait jadis d'*hypothèse de travail*. Pour ne donner qu'un exemple, qu'on songe seulement à l'arbitraire qui préside à la première définition expérimentale du spectre d'un élément chimique! Considérons même, si l'on veut, une série particulière de ce spectre : cette série est d'abord prise comme un groupement provisoire qu'une étude *théorique* toute rationnelle devra analyser et *regrouper*. Loin qu'on puisse garder, pour cette série, son individualité, son unité phéno-ménale, son caractère de chose définie une fois pour toutes, on verra cette série bouleversée et segmentée par des conditions instrumentales légèrement modifiées. De toute évidence, le phénomène primitivement retenu ne peut plus être pris que comme l'instant particulier d'une méthode. On ne tardera pas à modifier la méthode et conséquemment le phénomène pour atteindre une suite féconde d'expériences. Quand donc la série trouvera-t-elle une véritable individualité? C'est lorsqu'on l'aura constituée mathématiquement. C'est la formule mathéma-tique qui lui donnera une forme; c'est par le lien mathématique qu'on verra se coordonner en *une* unité les termes brouillés dans le phénomène immédiat. D'ailleurs, les liens mathématiques ne suivent nullement les ligatures qui pourraient apparaître dans l'observation première. Ils suivent la trace d'une coordination nouménale, ils font l'objet d'une pensée coordonnée avant d'être objet d'une vérification expérimentale.

Le problème philosophique de la vérification des théories est dès lors modifié. L'exigence empiriste qui ramène tout à l'expérience, exigence si nette encore au siècle dernier, a perdu sa primauté, en ce sens que la force de la découverte est presque entièrement passée à la théorie mathématique. Jadis, la philosophie générale de l'expérience en physique eût été assez bien exprimée par cette formule de Paul Valéry : il faut, dit le poète, tout à la gloire de la vision, «réduire ce qui se voit à ce qui se voit». Nous dirions maintenant, si nous voulions traduire la véritable tâche de la microphysique : il faut réduire ce qui ne se voit pas à ce qui ne se voit pas, en passant par l'expérience visible. Notre intuition intellectuelle a désormais le pas sur l'intuition sensible. Notre domaine de vérification matérielle ne fournit guère qu'une preuve surnuméraire pour ceux qui n'ont pas la foi rationnelle. Peu à peu, c'est la cohérence rationnelle qui en vient à supplanter en force de conviction la cohésion de l'expérience usuelle. *La microphysique est non plus une hypothèse entre deux expériences, mais bien plutôt une expérience entre deux théorèmes.* Elle commence par une pensée, elle s'achève en un problème.

Au siècle dernier, quand on prenait les mathématiques comme un simple moyen d'expression, les liaisons mathématiques passaient pour de vaines lignes de rappel, pour l'encre rouge d'une épure. Seules, l'expérience de départ et l'expérience d'arrivée étaient considérées comme les deux projections positives du réel. Mais avec les progrès de la physique mathématique, l'intérêt se concentre sur la méthode de liaison; on lit l'épure comme une méthode de recherches plutôt que comme un tableau des résultats obtenus. Il s'agit en réalité d'affirmer ou même de créer des relations. C'est pourquoi des variations expérimentales qui, pratiquement, peuvent être très peu importantes, seront susceptibles de déceler des variabilités très instructives. On cherchera donc plutôt la variable que la constante. C'est ainsi que des phénomènes d'un ordre de grandeur si petit qu'ils passeraient pragmatiquement inaperçus – perdus qu'ils sont dans la marge d'imprécision expérimentale – sont cependant érigés en

preuves suffisantes. Une phénoménologie normale, en quelque
manière homogène, eût péremptoirement interdit cette étrange
composition du grand et du petit. Mais pour minimes que soient
certaines perturbations, leurs valeurs fonctionnelles priment tout
et, par un renversement de la croyance positive, on en vient à
croire que le phénomène ne démontre rien, ou qu'il démontre
mal, tant qu'on ne l'a pas *sensibilisé mathématiquement*, tant que
les réactifs mathématiques n'en ont pas révélé tous les traits.
Mille finesses d'origine mathématique, encore qu'elles atten-
dent leur justification expérimentale, s'imposent aux physiciens
non pas par la séduction d'une nouveauté décousue, mais bien
par leur coordination nouménale. La physique mathématique
réunit ainsi l'esprit de finesse et l'esprit géométrique ; mieux, elle
donne à la finesse la rigueur et la certitude géométriques. Devant
le résultat négatif d'une expérience suggérée mathématiquement, on a de prime abord l'impression d'un échec. On s'y
soumet difficilement, on accroit la puissance des appareils, on
écarte les causes de troubles. La Physique n'est plus une science
de *faits* ; elle est une technique d'*effets* (effets Zeeman, Stark…).

D'ailleurs, par sa valeur psychologiquement dynamique et
inventive, le réalisme mathématique, tel qu'il résulte de ses
rapports avec la Physique contemporaine, dépasse de beaucoup
le sens tout platonicien où se plaçait encore le réalisme de
Hermite. Pour Hermite, l'être mathématique est, en quelque
sorte, statique ; son étude est essentiellement anatomique, elle
conduit à un complexe de relations qui s'achève sur un plan
homogène. Au contraire le réel de la Physique mathématique
s'enrichit d'un double dynamisme : en l'étudiant, on a autant de
chance de découvrir des phénomènes que des théorèmes. Il faut
d'ailleurs toujours en venir à *réaliser* les théorèmes ainsi décou-
verts. Pour cette tâche, il ne s'agit plus, comme on le répétait sans
cesse au XIXᵉ siècle, de traduire dans le langage mathématique les
faits livrés par l'expérience. Il s'agit plutôt, tout à l'inverse, d'ex-
primer dans le langage de l'expérience commune une réalité profonde qui a un sens mathématique avant d'avoir une signification
phénoménale. Par exemple, l'atome construit par les mathéma-

ticiens pourrait assez bien être appelé *l'atome parfait*. Mais il ne joue pas du tout le même rôle épistémologique que celui joué par le concept de *gaz parfait*. En effet, le gaz parfait est une abstraction réalisée qui traduit l'assemblage d'un nombre minimum de variables phénoménologiques à grande échelle; il joue le rôle du premier terme d'une série d'approximations; pour s'en servir, on le compliquera. Au contraire, *l'atome parfait* est plus compliqué que l'atome saisi dans sa réaction énergétique au moment où il porte trace expérimentale de son existence. En construisant cet être mathématique, on essaie de n'oublier aucune variable, si petit qu'en soit le jeu; on tente de lui attribuer même tout le possible, bref on veut donner la série entière sans souci des approximations pratiques. Pour s'en servir, on le simplifiera. Notre expérience de microphysique est toujours une mathématique mutilée. Dans l'infiniment petit, les propriétés nouménales sont plus nombreuses que les propriétés phénoménales.

Ainsi le monde caché dont nous parle le physicien contemporain est d'essence mathématique. Le physicien fait ses expériences en se fondant sur le caractère rationnel du monde inconnu. On exprimerait peut-être assez bien la conviction du physicien, au sortir du doute relatif à son emprise sur la réalité, par la formule suivante: *cogitatur, ergo est*, étant entendu que le fait d'être pensé mathématiquement est la marque d'une existence à la fois organique et objective. Et c'est seulement parce qu'elle est organique qu'on croit à son objectivité. Rien de gratuit et de subjectif d'une part, rien de simple et de décousu d'autre part ne peut trouver place dans l'être de la Physique mathématique.

Devant tant de succès de la recherche rationnelle, comment se défendre de poser sous le phénomène un noumène où notre esprit se reconnaît et s'anime! Ce noumène n'est pas un simple postulat métaphysique ni un conventionnel signe de ralliement. Nous lui trouvons en effet, par la réflexion, une structure complexe; c'est même à cette complexité harmonique qu'il doit son objectivité discursive, cette objectivité qui seule peut s'exposer, s'éprouver, confirmer son universalité. Nous pourrions donc dire que la Physique mathématique correspond alors à une nouménologie bien différente de la phénoménographie où prétend se cantonner l'empirisme scientifique. Cette nouménologie éclaire une phénoménotechnique par laquelle des phénomènes nouveaux sont, non pas simplement trouvés, mais inventés, mais construits de toutes pièces.

Dans cette construction, les lois générales qu'on trouverait au niveau de la phénoménographie usuelle doivent faire place aux lois rationnelles puisées au niveau de la nouménologie. Il conviendrait donc de fonder une *métamicrophysique* qui n'accepterait pas sans preuve l'état analytique où se présentent les catégories de la métaphysique traditionnelle. Avant tout, il convient de retenir que le plan nouménal du microcosme est un plan essentiellement complexe. Rien de plus dangereux que d'y postuler la simplicité, l'indépendance des êtres, ou même leur unité. Il faut y inscrire de prime abord la *Relation*. Au commencement est la Relation, c'est pourquoi les mathématiques règnent sur le réel.

On nous objectera ici une expérience célèbre qui semble bien à première vue mettre le micro-physicien en face de l'unique et du simple : c'est l'expérience de Millikan où l'unité de charge électrique est isolée et se traduit à nos yeux par une action qui peut sembler directe. En observant au microscope le mouvement d'une goutte d'huile condensée sur un électron, on détermine, par l'action contrariée d'un champ électrique et de la pesanteur, les deux caractéristiques de l'électron, sa masse et sa charge. Cette expérience délicate paraît d'abord le triomphe du « chosisme » scientifique. Mais si l'on examine le problème philosophique de plus près, on se rend compte que l'électron libre, c'est vraiment l'électron sans propriétés atomiques. Ce qui nous intéresserait, ce serait surtout les propriétés de l'électron lié, de l'électron mis en relation avec le proton. Ainsi l'expérience de Millikan est encore une expérience de notre monde parce qu'elle est dégagée de la perspective mathématique du monde atomique. En quittant l'atome, l'électron libre a quitté la mathématique de l'atome. L'expérience de Millikan ne nous autorise pas à postuler dans l'atome les lois arithmétiques vérifiées hors de l'atome. C'est un point que M. Buhl présente sous une forme particulièrement claire et nette : « Manier des billes, c'est faire, à l'échelle vulgaire, une expérience d'où l'on peut tirer les premières connaissances arithmétiques, puis d'autres plus complexes, puis l'Algèbre et l'Analyse couramment employées. Considérer des atomes ou, mieux encore, les corpuscules qu'on peut leur arracher et les manifestations énergétiques qui se produisent alors, c'est tout différent. Cela crée notamment une sorte d'Algèbre non commutative dont l'esprit se poursuit avec les symboles de non commutativité de la Théorie des groupes. L'expérience, on le voit, est encore à la base des constructions algorithmiques, mais il ne faut pas que ce soit l'expérience des billes dans un domaine où il s'agit de tout autre chose. C'est avec tristesse que l'on constate qu'un tel raisonnement, cependant, à notre avis, si évident, est encore loin de s'imposer à nombre d'hommes de science, lesquels paraissent croire que toute connaissance peut être atteinte par le jeu d'un petit nombre de postulats acceptés jadis une fois pour toutes » [1]. Nous citons sans l'interrompre cette page qui semble nous donner raison en une partie et nous contredire en une autre parce que nous espérons que la contradiction à notre thèse ne serait grave que si nous adoptions, pour les mathématiques, le point de vue axiomatique intransigeant. Au fond, à notre avis, l'*a priori* des mathématiques n'est qu'un *a priori* fonctionnel, il n'a rien d'absolu. Un mathématicien peut donc être amené – par l'expérience aussi bien que par la raison – à reprendre ses constructions sur une nouvelle base axiomatique, en suivant une nouvelle intuition nouménale ; et ce n'est pas un des caractères les moins frappants de la Physique mathématique contemporaine qu'elle ait souvent ramené le mathématicien à son point de départ pour élargir ou pour préciser ses postulats. Finalement, c'est par un même mouvement que le mathématicien changera ses axiomes et le physicien ses définitions expérimentales.

1. G. Bachelard, *La poétique de la rêverie*, Paris, P.U.F., 1999, p. 2.

Sans que nous nous en doutions, l'*a priori* apparent des formes arithmétiques à l'égard de l'observation physique avait été formé dans une expérience commune et facile. Il était donc relatif à cette expérience, il avait à l'égard de cette expérience une valeur non pas absolue mais fonctionnelle. Mais maintenant, étant donnée la coopération des mathématiques et de l'expérience dans la microphysique, il faut, dans ce domaine, mettre l'*a priori* mathématique et l'hypothèse physique sur le même plan, il faut vraiment les unir et les fondre puisque fonctionnellement ce sont l'un et l'autre des suppositions. Autrement dit, une bonne hypothèse de physique est nécessairement d'ordre mathématique. Elle doit être féconde en pensées comme en expériences ; elle se vérifie par des *effets*. Ainsi, dès le principe arithmétique on doit comprendre que former une somme, c'est composer un tout expérimental. Diviser un nombre, c'est briser une chose. Dans le domaine infinitésimal, rien ne s'énumère, tout s'agglomère. L'addition n'est une juxtaposition pure et simple que dans certains cas où le réel manque de valeur organique et mathématique. La méthode d'addition n'est donc pas nécessairement indifférente aux objets additionnés. Nous pénétrons dans une zone où le concret s'imprègne de mathématique et où l'indépendance formelle trouve une limitation.

Mais le problème peut être pris par un autre biais en suggérant des questions nouvelles. Pourquoi désirons-nous connaître le nombre des électrons d'un atome ? Ce nombre seul ne nous donnerait aucune connaissance positive, puisque dans ce monde *caché* un simple caractère *descriptif* est évidemment illusoire. Si nous comptons les électrons, c'est pour rendre compte indirectement de phénomènes qui trouvent leur racine dans le domaine intra-atomique. Il faut par exemple se servir du nombre d'électrons pour déterminer le bilan énergétique de l'atome. Mais l'inventaire atomique ne peut se faire en suivant les règles de la comptabilité commerciale. Les électrons ont des valeurs qui changent avec leur place. On est amené à postuler des *opérateurs* un peu moins simples et un peu plus synthétiques que le signe *plus* ou le signe *moins* de l'addition et de la soustraction ordinaires. Soustraire c'est ioniser. De même il n'y a nulle raison *a priori* pour que la multiplication soit toujours commutative, car les quantités multipliées peuvent avoir une structure telle qu'elles réclament des méthodes de multiplication où la réciprocité fonctionnelle ne soit pas complète. La multiplication ne sera alors commutative qu'entre certaines variables, en quelque manière plus indépendantes que d'autres ; la multiplication commutative prendra l'allure d'une coopération faible, d'une coopération abstraite. Par contre, d'autres variables, tout en étant formellement indépendantes (par exemple une coordonnée et le moment correspondant), se présentent à nous dans une relation plus étroite qui nous oblige à des règles de commutation particulière. À manier les paramètres atomiques, on a l'impression qu'une série d'abstractions bien faites se coordonne pour former une image mathématique du concret.

Si l'on voulait caractériser philosophiquement ce rapport complexe de la catégorie d'unité à la catégorie de totalité, il faudrait peut-être dire que la métaphysique atomique envisage une interférence de la notion de nombre et de la notion d'ordre. Une somme d'objets concrets peut très bien porter trace des opérations d'addition par lesquelles elle a été formée. L'arithmétique ordinaire de l'atome n'est pas nécessairement une simple redite de l'arithmétique cardinale résumée par le langage usuel.

Comment un tel trouble dans l'identité et la répétition de l'être ne réagirait-il pas sur la causalité des objets ? Comment aurions-nous le droit de postuler la causalité uniforme des phénomènes pris pour unités si nous ne sommes même pas assurés de l'uniformité des unités dans leur rôle arithmétique ? Jugées sous cet angle, les révolutionnaires vacances de la causalité, proclamées par certains physiciens, paraîtraient peut-être plus organiques ; elles se légaliseraient puisqu'elles se généraliseraient. Le trouble causal de notre connaissance de l'atome serait de même métaphysiquement exprimable par une nouvelle interférence de l'être et du probable. On s'expliquerait alors bien des erreurs en se rendant compte qu'on a voulu additionner des probabilités comme des choses. La composition du probable est plus complexe ; elle peut fort bien être limitée par des règles d'exclusion. Là encore, il faut comprendre que la méthode de statistique n'est pas nécessairement indépendante de l'élément qu'elle organise.

Ainsi, dans les avenues métaphysiques où nous l'explorons, nous voyons le noumène refuser une analyse qui suivrait docilement les principes généraux de notre expérience usuelle. Le noumène n'est cependant pas tout entier dans ce refus ; la Physique mathématique, en nous faisant sentir la coordination nécessaire des notions nouménales, nous autorise à parler d'une structure du noumène. Le noumène est un centre de convergence des notions. Il nous faut le construire par un effort mathématique. La physique de l'atome nous donne alors l'occasion d'essayer quelques notions nouménales. En suivant les enseignements de la Physique mathématique, nous nous trouvons, sans doute pour la première fois, en présence d'une métaphysique qui est positive puisqu'elle s'expérimente. C'est la métatechnique d'une nature artificielle. La science atomique contemporaine est plus qu'une description de phénomènes, c'est une production de phénomènes. La Physique mathématique est plus qu'une pensée abstraite, c'est une pensée naturée.

CHAPITRE II

LE MONDE COMME CAPRICE ET MINIATURE *

Le monde est ma *miniature*, car il est si loin, si bleu, si calme, quand je le prends où il est, comme il est, dans le léger dessin de ma rêverie, au seuil de ma pensée! Pour en faire une *représentation*, pour mettre tous les objets à l'échelle, à la mesure, à leur véritable place, il faut que je brise l'image que je contemplais dans son unité et il faut ensuite que je retrouve en moi-même des raisons ou des souvenirs pour réunir et ordonner ce que mon analyse vient de briser. Quel travail! Quel mélange impur aussi de réflexion et d'intuition! Quel long dialogue de l'esprit et de la matière! Laissons donc un instant le Monde au *punctum remotum* de la rêverie, quand notre œil détendu, signe subtil de tous nos muscles au repos, comble du repos, nous fait prendre conscience de notre paix intime et de l'éloignement pacifique des choses. Alors tout s'amenuise et tient dans le cadre de la croisée. C'est là qu'est peinte, dans son pittoresque et sa composition, l'image du Monde. Elle est l'image à la fois la mieux composée et la plus fragile parce que c'est l'image du rêveur, de l'homme délivré des soins prochains, mais bien près de perdre cet intérêt minimum à la sensation qui reste indis-

* *Recherches philosophiques*, III, 1933-1934, p. 306-320.

pensable à la conscience. Une chute un peu plus profonde dans l'indifférence, et aussitôt la miniature se ternira, le Monde se dissoudra. De la rêverie, l'homme immobile, tombera dans le rêve. Ainsi, devant la fenêtre ouverte, nous pouvons voir finir ou commencer le Monde ; sa naissance est livrée à notre caprice, sa ruine totale à notre indifférence. Mais, encore une fois, cette naissance subite et cette fragilité n'empêchent point que le Monde comme miniature lointaine soit le plus consistant des tableaux. C'est dans ce rectangle de lumière qu'on retrouve d'un seul coup la Nature massive et grandiose ; c'est là que le Ciel est uni à la Terre et que les astres ont assez de champ pour leur course, assez d'espace pour s'unir en constellations. Enfin, c'est comme panorama que le Monde est totalité et unité, masse objective offerte à la contemplation. Quand il faudra agir et distinguer, saisir chaque objet dans sa forme et dans sa force, dans son individualité et son hostilité, ma rêverie se condensera en pensées séparées ; l'univers se décomposera ; mon œil, séduit par ma main, accommodera ; sur sa tension se règlera la tension de tout mon corps qui marchera non plus vers le Monde, mais vers une chose, vers une seule chose, choisie souvent par une volonté arbitraire, dans le caprice d'un instant. Ainsi, en convergeant vers moi, les choses se dispersent. La forêt donne des arbres, la maison donne des pierres. Je me crois un centre, une unité, une volonté parce que j'accepte de concentrer mon action sur un objet particulier. Mais après tant d'efforts séparés, quand il me faudra classer les valeurs objectives, je devrai à nouveau éloigner les objets, les réintégrer dans leur atmosphère première, les composer de mieux en mieux par une diminution systématique de l'échelle de représentation. C'est comme miniature que le Monde peut rester composé sans tomber en morceaux. Il y a donc deux manières de perdre l'univers sensible : ou bien ma rêverie objective s'évaporera tout entière en me laissant glisser dans le rêve proprement dit, ou bien ma rêverie objective se condensera en représentations, et l'univers sensible s'éparpillera en une pluralité d'objets en même temps que mon âme se dépensera en une pluralité de caprices.

Le passage de la rêverie oisive à la représentation, c'est peut-être dans le domaine de la vision qu'on l'étudierait avec le plus de fruit. Sans doute, la représentation est par essence une systématisation plus vaste ; elle entraîne non seulement la coopération des divers sens, mais encore l'aide de la mémoire et l'organisation de la raison. Cependant cette représentation clairement systématique contient à la fois trop de matière et trop de pensée pour qu'on puisse en déterminer le point d'inflexion, l'endroit exact où le mouvement de la conscience change de sens pour retourner du moi vers le Monde. On peut, dans un court article, se borner aux caractères visuels de la représentation et se demander si toute une métaphysique ne pourrait s'éclairer dans l'étude de la localisation visuelle en suivant, comme dit Baudelaire, « les merveilleuses constructions de l'impalpable », en se plaçant toujours à la naissance de l'intérêt de vision ou du caprice de prospection. Position sans doute délicate puisqu'elle est instable et sollicitée par deux ruines contraires comme nous avons essayé de le marquer. Mais c'est son instabilité qui fait son intérêt métaphysique : toute objectivation est hésitation.

Pourquoi d'ailleurs se hâter d'évoquer l'*homo faber*, l'homme du toucher, l'homme de l'analyse, alors que les méditations tactiles sont si rares, si brèves, si décousues et que la composition sensible du Monde ne peut jamais être accomplie sans un retour à la composition initiale que nous donne la contemplation paisible ? Au surplus, la représentation complète trouve sa première et sa plus profonde racine dans la représentation visuelle. Essayons donc de maintenir longtemps le dualisme métaphysique à ses pôles, dans ses oppositions lointaines, au moment où le moi et l'objet reposent paisiblement en leur minimum. C'est alors que nous saisirons vraiment le Monde comme univers, comme modèle réduit en miniature ou, mieux encore, comme modèle réductible par l'application tacite du principe de similitude. Nous verrons que comprendre sous un même regard est la manière primitive de comprendre dans une même raison. Le toucher ne peut ramasser que des objets peu nombreux ; il nous conduit à comprendre des ensembles toujours pauvres.

La mise en miniature rassemble une pluralité bien plus riche et la compose en unité.

C'est aussi devant cette image lointaine que nous pourrons saisir le véritable rôle de notre caprice, première forme de l'intuition du sujet dans son rôle thaumaturge. Le caprice, c'est précisément la volonté visuelle, la volonté sans la force subjective, sans la conscience aussi de l'hostilité souvent invincible de l'inertie objective; c'est la puissance souveraine qui tourne, en se jouant, le kaléidoscope des miniatures lointaines. La pensée instruite par les petits muscles s'habitue à voir le monde marcher au doigt et à l'œil. Avant l'*homo faber*, le *puer lusor* possède le Monde par son jouet. Il essaie, sur son jouet, ses propres impulsions et au lieu d'apprendre par cette expérience la force objective dans sa réelle hostilité, il ne retient que la puissance trompeuse de son caprice. Toute la psychologie serait modifiée si l'on pouvait se convaincre du caractère puéril de notre expérience énergétique. Nous n'avons que de bien pauvres idées sur les forces relatives de nos muscles, sur l'efficacité détaillée de notre volonté; nous n'avons pas le loisir de vivre le problème de la dispersion de nos actes pas plus que nous n'avons la patience de vivre la dispersion de l'univers panoramique jusqu'aux choses. Nous allons d'un seul coup de la rêverie à l'action. C'est cependant dans la force *jouée* et non point dans la force agie que se forme la connaissance du moi comme pluralité et liberté. C'est au niveau des petites forces, dans la libre et joyeuse synthèse des caprices, que se forment les complexes de l'adresse et les enluminures de la pensée poétique. C'est là seulement qu'on pense en agissant, parce que l'action est facile, attrayante, illimitée. Nous laisserons donc l'*homo faber* à sa glèbe, à sa forge, à son établi. Nous lui abandonnerons la géométrie de la carrière, cubique et monotone, pour suivre, dans son adresse et non plus dans sa force, la géométrie du tailleur de gemmes, lente et tranquille occupation d'un homme assis, dans l'attitude philosophique, où Georges Sorel reconnaissait déjà l'institutrice des idées platoniciennes. Revenir ainsi à la volonté polychrome et chatoyante, c'est encore revenir à la paix intime, à la libre fantaisie, au rêve devant la fenêtre ouverte, au pur dialogue de la matière et de l'esprit, quand l'esprit est le maître dédaigneux de la Nature lointaine.

De la miniature nous irons donc vers les choses comme de nos caprices nous irons vers les forces. C'est avec nos caprices, principes de notre dispersion intime, que nous isolerons des objets particuliers, que nous solidifierons nos tentations flottantes et vaporeuses. Nous ferons succéder, comme le demande Baudelaire, « aux ondulations de la rêverie, les soubresauts de la conscience ». Nous verrons que les saccades de la conscience déterminent des condensations sur place de la rêverie, de sorte que les premières concrétisations de la représentation visuelle se forment d'abord non pas où sont les objets dans la réalité même, mais où nous venons de les rêver. Dans le passage de la miniature aux choses comme dans le mouvement des caprices aux forces, nous trouverons ou bien de la matière ou bien de l'énergie pour gonfler nos plans et nos projets. Mais nous nous apercevrons bientôt que dans la zone moyenne où nos actions sont à la mesure des choses, la conscience finit par perdre sa variété et sa mobilité en même temps que l'univers perd sa totalité. Bergson a montré lumineusement que choisir c'est aussi être choisi, qu'accepter l'usage de la chose c'est aussi perdre l'usage de la conscience vraiment première. Pour lui cependant cet esclavage de l'esprit aux choses laisserait des souvenirs de liberté : par une sorte de reprise paradoxale, nous retrouverions dans le souvenir de nos actions toute l'essence de notre liberté ; nous garderions la conscience d'avoir choisi ; chaque action se présenterait dans le souvenir pur comme une action singularisée par un libre caprice ; il n'y aurait que la généralité des actions répétées qui nous enchaînerait comme des machines intellectuelles. Nous croyons pour notre part qu'il faut remonter plus haut pour trouver notre liberté pleine et radieuse ; il faut revenir aux premières formes de la rêverie subjective, aux moments gratuits des choix visuels, quand notre œil, à peine teinté, éveille un désir modéré, quand nous caressons du regard une image parmi des images et que nous sommes affermis sur cette position instable où nous pouvons tout saisir et tout dédaigner.

Acceptons donc ce balancement jusqu'aux extrêmes, depuis l'univers lointain et indifférent jusqu'au principe de nos volontés essentiellement décousues. Ne disons pas trop vite que la raison met le sceau de son unité sur le Monde, voyons plutôt comment l'esprit commence par briser la première image au gré des fantaisies d'appréhension. Nous verrons alors que la perception est plutôt anticipation que souvenir, qu'elle procède moins de l'excitant objectif que de l'intérêt subjectif, que la prospection suggestive domine l'inspection objective. D'ailleurs notre but est seulement de donner une mesure de l'empan métaphysique de la vision. Nous ne pouvons, dans un court article, explorer tout le trajet qui va de la miniature aux objets représentés. Un point cependant que nous voudrions faire ressortir, c'est qu'un métaphysicien ne peut se fixer dans la zone moyenne de la représentation sans de constantes références à la rêverie d'une part, à la fantaisie des caprices d'autre part. La représentation claire, c'est la représentation appauvrie, c'est le Monde décomposé, c'est la volonté enchaînée, double défaite de l'unité et de la diversité, compromis où la rêverie se décourage et où le jeu des possibilités épistémologiques s'amortit. Aussi, après avoir montré l'importance visuelle de la prospection, nous verrons comment les cadres d'une représentation claire et géométrique se remplissent et la soudaine profondeur que prennent les objets devant une attention redoublée quand on a pu y réintégrer assez de détails pour en achever la miniature.

*

Pour bien saisir le passage de la rêverie visuelle à la vision objective, il faudrait réviser d'abord bien des idées préconçues relatives à la *disponibilité* sensorielle. En général, on imagine que l'énergie envoyée par l'excitant doit infailliblement se traduire par une sensation, de la même manière qu'une plaque photographique est nécessairement voilée dès que la lumière vient la frapper. On postule trop facilement que l'œil est un appareil toujours facile à mettre au point, toujours sensibilisé, toujours prêt à se régler sur les conditions objectives les plus mobiles. La théorie physique élémentaire de la vision est si claire qu'on a cru pouvoir en faire la base essentielle de la théorie physiologique. Enfin, entraîné de plus en plus par le démon de la simplification, on a cru trouver dans cette voie la réponse rapide à tous les problèmes psychologiques de la vision. Cette méthode d'explication matérialiste paraîtra bien fragile si l'on parcourt les beaux travaux consacrés par Mlle Renée Déjean au problème psychologique de la vision. Nous ne pouvons en traduire toute la minutie scientifique, toute l'ingéniosité philosophique. N'en retenons que ce qui peut nous aider à explorer l'axe de la perspective visuelle.

Pour simplifier, laissons d'abord de côté tout ce qui a égard à la vision binoculaire, encore qu'il y aurait bien des remarques à faire sur le manque de fusion des deux impressions monoculaires qui n'ont ni la même intensité, ni les mêmes couleurs, ni les mêmes formes et qui peuvent recevoir des coefficients d'attention mobiles et différents. Alors la moindre observation personnelle ferait reconnaître les à-coups de la sensation. Il semble qu'il n'y ait que bien peu d'images qui soient fixées ou même révélées. L'appareil est bien ouvert, mais le photographe est distrait. L'énergie lumineuse peut bien toucher la rétine, mais elle n'est pas utilisée. Il est vain d'établir des correspondances homographiques entre l'objet et la sensation. Après sa longue enquête, Mlle Déjean conclut : « Toute déduction directe de l'aspect spécifique de l'image, en partant de la modalité de l'excitant, est impossible »[1].

Une des preuves les plus frappantes de Mlle Déjean, c'est que nous voyons de prime abord l'objet à la distance où nous le projetons plutôt qu'à la distance où il est réellement, ce qui prouve que la représentation se forme sur le site de l'imagination.

---

1. R. Déjean, *Les conditions objectives de la perception visuelle*, 1926, p. 155.

Par la suite, il pourra y avoir une rectification plus ou moins exacte, plus ou moins rapide, mais nous commençons toujours par *essayer* l'objet à la distance où nous le projetons pour des besoins de *composition* générale. Il y a ainsi attraction d'un objet particulier à un tableau d'ensemble. Dans son *Étude psychologique de la distance dans la vision*[1], Mlle Déjean s'exprime ainsi : « Ce qui explique la vision à distance des images, ce sont les conditions psychologiques elles-mêmes qui déterminent la fixation à telle distance dans le champ visuel, l'activité prospective de l'esprit vers toutes les directions du champ visuel et en particulier vers telle distance, activité qui conditionne l'efficacité de l'excitant situé à distance. Les anticipations successives et de plus en plus exactes de la distance de l'excitant permettent, par des fixations de plus en plus adéquates qu'elles provoquent, d'obtenir des impressions rétiniennes telle qu'elles donnent lieu à des images de plus en plus nettes, et perçues à une distance qui se rapproche de celle de l'excitant, à mesure que le point de fixation se rapproche de ce dernier ». On ne peut mieux prouver que le germe de la représentation (le point de fixation) ne relève nullement de l'excitant, mais bien des habitudes et des conditions psychologiques. Le germe de la représentation, avant de devenir un point précis, avant de se rapprocher du point réel, a été un point imaginaire situé au centre d'une rêverie ou d'un souvenir. Les choses apparaissent d'abord où on les guette, on ne les place que lentement où elles sont. Si, pour des raisons générales et variées, l'esprit se trompe dans l'anticipation de la distance, il y aura une erreur dans la fixation mais pas nécessairement dans la solidité de cette fixation. Toutes les données rétiniennes pourront fort bien se condenser autour du point imaginaire primitif, ce qui prouve que l'image en tant qu'ensemble est une construction de l'esprit et que l'imagination supplée facilement aux insuffisances de la perception.

Sans doute on a dit depuis longtemps que pour bien voir, il fallait regarder ; mais il semblait aller de soi que pour bien regarder il fallait nécessairement fixer les regards à la distance où

1. Cf. p. 124.

se trouve effectivement l'objet examiné. En cela, on mésestimait la faculté de reporter des distances variées les impressions rétiniennes. Dans le guet, dans la surveillance attentive, on peut dire qu'on regarde un objet absent. Si l'attention immobilise bien le regard, sur cette immobilité viendront s'ancrer les images les plus fugitives, se réunir les indices les plus disparates. Il suffit de regarder avec persistance une image floue pour suivre à l'œuvre l'action réalisante de l'attention qui finit toujours par mettre des lignes fermes sous la pénombre. La netteté dans l'attitude prospective refait une netteté à l'image brouillée.

La grandeur apparente des images ainsi fixées en des points qui diffèrent de la position exacte de l'excitant est naturellement modifiée. Mlle Déjean en donne la preuve en se servant des images consécutives : « Si, après avoir obtenu une image consécutive d'un objet lumineux ou éclairé quelconque, on fixe un point plus éloigné que celui où était l'excitant, on voit l'image apparaître au point fixe et avec des dimensions plus grandes. Si on fixe plus près, on voit l'image se rapprocher et prendre des dimensions plus petites »[1]. L'avantage de l'expérience par les images consécutives, c'est de nous permettre de décomposer dans le temps le complexe excitation-sensation, d'en séparer les deux éléments. Dans ce gonflement de l'image alimentée par l'énergie d'un excitant prochain mais reportée à une distance plus éloignée, on saisit bien l'influence de la prospection. La prospection ne renvoie pas purement et simplement un simulacre, un résumé empirique, elle refait une image aussi complète que possible en essayant de la mettre d'accord avec une composition générale. Le plus souvent, elle travaille sur le canevas qui lui est offert par la vision passive. Elle prend ses prétextes dans la rêverie visuelle et à moins d'un soubresaut de la conscience, d'un soudain caprice de l'imagination, elle localise longtemps de véritables sensations dans le plan même où elle a commencé sa construction plus ou moins imaginaire. Nous avons une très grande liberté pour déplacer les objets représentés sur l'axe de

1. R. Déjean, *op. cit.*, p. 97.

vision mais nous avons aussi une nonchalance non moins grande qui nous empêche souvent de déranger ce qui a trouvé place dans un tableau général. Si on nous laisse à notre vision tranquille et rêveuse, nous dessinons lentement et sans fin toute notre vie sensible sur la toile de fond en une miniature tolérante.

*

En nous bornant jusqu'ici à des remarques générales sur la vision monoculaire, nous avons été obligé de laisser de côté bien des facteurs qui agissent efficacement dans l'exploration de la profondeur. Essayons maintenant, en restant encore dans le domaine strictement visuel, de caractériser d'un peu plus près notre expérience de la profondeur. C. A. Strong a fixé, dans un récent article, les traits essentiels de cette expérience. Comme il le dit très bien : « En analysant la vision, la première chose qui frappe est que la profondeur est donnée, pour ainsi dire, en des termes qui diffèrent de la longueur et de la largeur : la longueur et la largeur sont colorées, tandis que la profondeur ne l'est pas »[1]. C'est là une remarque qu'on pourrait croire anciennement connue en se reportant aux traités de psychologie classique. Mais, à bien y réfléchir, on s'aperçoit qu'elle apporte une vérité beaucoup plus fine. En effet, si la psychologie classique a fait la preuve de l'origine musculaire de la sensation de profondeur visuelle, elle s'est trop pressée en affirmant que la vision rectifiée par la sensation des contractions musculaires donnait une représentation stéréologique complète. Il s'en faut de beaucoup que l'amalgame visuel et musculaire soit fortement réalisé. La couleur ne s'approche jamais de nous ; elle est toujours comme aérienne, posé sur les objets comme une lumière projetée ; les objets nous l'apportent sans doute quand ils viennent à nous, mais ce n'est pas la vision colorée qui nous renseigne sur ce voyage. Nous ne réagissons pas à la couleur, mais seulement à des objets qui portent la couleur comme par surcroît et à propos

1. C. A. Strong, *Essays on the Natural Origin of Mind*, « Distance and Magnitude », 1930, p. 41

desquels nous mettons en jeu une vie musculaire. La profondeur
est originellement un *blanc,* un vide ; elle reste un blanc. Je ne
puis réagir physiquement au bleu et au rouge par des impressions
spécifiques. Cette réaction est nécessairement une action, c'est
une action musculaire, instruite par des sensations. Si le Monde
n'était que coloré, s'il était *vision purement visuelle,* miniature
pure, je ne réagirais pas, je ne *représenterais* pas, je continuerais
à penser sur le plan de la rêverie, sans jamais connaître l'hostilité
des choses. Dès qu'à la miniature succède la représentation, il y a
voyage et manœuvre des objets sur l'axe de la vision. C'est ce
qu'a bien vu L. Lavelle : la distance est « donnée dans la perception même (…) comme la condition sans laquelle aucune autre
image n'apparaîtrait »[1].

*

Voici alors, saisis dans leur germe, les éléments de la représentation. Ces éléments sont de deux espèces bien différentes
qu'on néglige souvent de distinguer. Ce sont les sensations musculaires de l'accommodation et les sensations musculaires qui
accompagnent la vision binoculaire. Nous laissons de côté bien
entendu, dans cette courte étude, toute l'éducation sensorielle,
obtenue par la coopération de la main, du toucher, de la mobilité
générale du corps humain.

On se rappelle sans doute que la distinction des deux réactions musculaires n'avait pas échappé à Henri Poincaré. Sur ce
thème, il a écrit quelques pages rapides mais pénétrantes. Il avait
d'abord reconnu que l'espace visuel complet n'est point iso-
trope, puisqu'il n'a pas les mêmes propriétés sur un plan frontal
et sur l'axe de la profondeur. Mais, du fait même que la profondeur nous est révélée par deux sensations musculaires différentes, ne pourrait-on aller jusqu'à dédoubler cette dimension ?
« Sans doute, dit Poincaré, ces deux indications sont toujours
concordantes, il y a entre elles une relation constante, ou en

1. L. Lavelle, *La perception visuelle de la profondeur,* Strasbourg,
Imprimerie strasbourgeoise, 1921, p. 18.

termes mathématiques, les deux variables qui mesurent ces deux sensations musculaires ne nous apparaissent pas comme indépendantes »[1]. Il estime qu'il y a toujours synchronisme entre la sensation de convergence binoculaire et la sensation d'accommodation. « Si deux sensations de convergence A et B sont indiscernables, dit-il encore, les deux sensations d'accommodation A' et B' qui les accompagneront respectivement seront également indiscernables »[2].

« Mais c'est là, ajoute plus loin Poincaré, pour ainsi dire un fait expérimental ; rien n'empêche *a priori* de supposer le contraire, et si le contraire a lieu, si ces deux sensations musculaires varient indépendamment l'une de l'autre, nous aurons à tenir compte d'une variable indépendante de plus et l'espace visuel complet nous apparaîtra comme un continu physique à quatre dimensions. C'est là même, ajouterai-je, un fait d'expérience *externe*. Rien n'empêche de supposer qu'un être ayant l'esprit fait comme nous, ayant les mêmes organes des sens que nous, soit placé dans un monde où la lumière ne lui parviendrait qu'après avoir traversé des milieux réfringents de forme compliquée. Les deux indications qui nous servent à apprécier les distances, cesseraient d'être liées par une relation constante. Un être qui ferait dans un pareil monde l'éducation de ses sens, attribuerait sans doute quatre dimensions à l'espace visuel complet ».

Or est-il besoin de faire des suppositions d'ordre réaliste pour atteindre le dédoublement entrevu par Poincaré ? La synergie musculaire relative à la vision est-elle si forte qu'on puisse parler d'une relation constante entre les deux sensations de profondeur ? Bien au contraire, il nous semble que les deux sensations peuvent être séparées, car elles sont d'essence différente.

Prenons d'abord les muscles de la vision binoculaire. Ils sont de même espèce que les muscles qui nous permettent d'explorer visuellement le champ spatial en hauteur et en largeur. En levant

1. H. Poincaré, *La science et l'hypothèse*, « Champs », Paris, Flammarion, 1968, p. 79.

2. *Id.*, p. 80.

les yeux, en les tournant à droite, à gauche, je puis parcourir du regard tout un plan frontal. En faisant converger plus ou moins les yeux, la direction de la profondeur est parcourue. Sans doute le plus souvent ce dernier mouvement est accompagné du processus d'accommodation. Mais il s'en faut de beaucoup que cet accompagnement soit constant. En tout cas il n'est pas durable. Prenons un objet assez petit, une lettre d'imprimerie par exemple, approchons la feuille de manière à distinguer cette lettre dans son ensemble. Une certaine synergie réunira les deux appareils musculaires. Mais sans rien changer à la position des yeux, essayons de percevoir des détails relatifs à la lettre, quelques bavures d'imprimerie par exemple, nous nous rendrons compte alors que l'accommodation a encore quelque chose à faire, que notre attention tend davantage nos muscles d'accommodation. Nous pourrons dire que le quantum musculaire d'accommodation est bien plus petit que le quantum musculaire de convergence. Il n'y a pas parallélisme entre l'accommodation fine et la convergence d'ensemble. Du point de vue musculaire, on pourrait dire que les sensations d'accommodation s'intègrent dans les sensations de convergence, exactement comme un détail extérieur s'intègre dans l'objet extérieur qu'il singularise. Des yeux convergents peuvent rêver, des yeux accommodés sont forcés de penser et de vouloir. Les yeux convergents sont tirés par les muscles « doux » des anciens. Ce sont les muscles des yeux doux, de l'offrande de soi, du rêve encore devant un visage rapproché ! Les yeux accommodés sont les yeux interrogateurs, inquisiteurs, à l'affût du détail révélateur. La pensée et le doute sont passés par là !

À cette thèse, on objectera que l'attention ne se partage point, et qu'à sa première tension tout l'appareil de la vision marche synchroniquement. En réalité, il se décroche tout entier dans un seul instant, mais il est facile d'éprouver que la tension d'accommodation est bien plus brève, qu'elle est bientôt touchée par un *désintérêt* dès qu'on a reconnu extérieurement l'objet distingué. La tête et les yeux restent immobiles ; mais déjà l'esprit est ailleurs, car l'esprit, avant tout, est solidaire des plus petits muscles. Quand les petits muscles ne sont plus intéressés, la vie intellectuelle s'efface. Le seul pragmatisme légitime, c'est celui qu'on pourrait relier aux sensations d'accommodation ou à des sensations de finesse similaire. À mesure que l'effort réclame des masses musculaires plus grandes, la lumière intellectuelle s'enténèbre. Le pragmatisme est donc condamné à comprendre le monde à l'aide d'impulsions musculaires fines et non point à l'aide de développements musculaires. En fait, l'intégration des détails qui ajoutent à la perception générale se fait par à-coups, en mesure avec les impulsions minuscules, comme c'est le cas pour les efforts d'accommodation.

En résumé, on n'intègre pas les détails par les mêmes mouvements musculaires qu'on aperçoit les détails de prime abord. Mais alors, si la synergie peut être rompue, si elle est éphémère, si ses conséquences spirituelles divergent avec la décomposition des vecteurs musculaires, ne faut-il pas conclure avec Poincaré que nous tenons là effectivement le prétexte d'un espace visuel à quatre directions ?

Cette quadruple racine de l'objectivation spatiale est d'ailleurs susceptible d'un développement évident. En somme, le dédoublement de la « dimension » de l'axe visuel correspond à deux expériences différentes : la *profondeur* et l'*approfondissement*. On se tromperait si l'on voulait voir dans l'approfondissement un développement de la profondeur, une application plus fine d'un processus général. Cet « approfondissement » ouvre vraiment la quatrième dimension ; passé le seuil métaphysique, c'est une dimension infinie pour laquelle on ne peut pas plus concevoir de borne que pour toute autre dimension. *À l'intérieur* du point symbolique des trois dimensions cartésiennes s'ouvre alors une perspective interne ; tout objet a une extension interne qui s'ajoute à l'étendue externe. Par l'accommodation, nous mettons en ordre un emboîtement des détails. Cet ordre linéaire d'implication est de toute évidence une occasion séparée de multiplicité suffisante pour constituer une dimension. Dans ses cours de Physique mathématique, Boussinesq tentait toujours de rendre intuitif tout recours à un espace à quatre

dimensions ; il proposait souvent d'attribuer une qualité diffé-
renciable au point géométrique ordinaire. L'intuition que nous
suggérons n'est pas éloignée de cette qualification intime.
Elle revient à attribuer une intensité au point de l'espace à trois
dimensions. Mais cette intensité mesurée par la tension des
muscles de l'accommodation est sans doute la moins métapho-
rique de toutes celles qui ont été proposées. C'est, dans toute
l'acception du terme, une intensité, et c'est le regard lui-même
qui en donne l'expérience. Un regard *pénétrant* n'est point seulement un regard bien adapté aux dimensions géométriques
extérieures. Il descend dans une intimité objective et dessine par
son effort *une forme a priori de l'intensité.*

Une telle méthode revient à prendre toute intensité comme
une dimension ; il ne serait d'ailleurs pas difficile de prouver que
notre connaissance énergétique de l'espace est connue également par une ordination d'efforts. Il n'y a pas de connaissance
vraiment placide. Si d'habitude nous nous contentons du complexe des trois dimensions, c'est parce que le champ de pesanteur
est peu variable et que les trois dimensions sont échangeables.
En fait, toute adjonction d'une intensité nouvelle pour produire
une quatrième dimension déroge bien davantage à ce pouvoir
d'échange ; cette adjonction peut donc paraître artificielle et
difficile et nous revenons naturellement à l'espace des intensités
faciles, à l'espace des solides géométriques appréhendés sans
grande peine, et même à l'espace des miniatures projetées dans
les lointains inaccessibles parcourus des yeux avec un minimum
d'effort.

Il suffit d'ailleurs d'avoir assisté aux expériences sur les anaglyphes pour comprendre ce qu'est un espace visuel *sans inté-
riorité*, reconstruit simplement sous la forme mutilée de l'espace
à trois dimensions. Les anaglyphes sont, comme on le sait, des
illusions organisées dans un plan. Par le mouvement relatif
d'images coplanaires, ils donnent l'illusion d'un mouvement en
profondeur. Mais ils manquent précisément de la dimension
d'approfondissement. Le double dessin dont ils procèdent est
toujours plus ou moins schématique ; la sensation n'est recons-

truite que dans l'espace externe; il suffit de *s'intéresser* à un
détail pour voir l'illusion s'effacer. D'habitude, lorsqu'on suit
des yeux un projectile, on se contente des sensations plus gros-
sières de la vision binoculaire, c'est pourquoi les anaglyphes
réussissent si bien à traduire sur un plan le jet en avant d'un projectile. Il suffit alors de fermer un œil pour que tout s'arrête
et pour qu'on ait immédiatement la preuve – par ailleurs
si évidente – que l'accommodation est naturellement réfractaire
aux illusions propres à la vision binoculaire.

C'est donc l'approfondissement qui redresse les fautes de la
profondeur. Tel nous paraît encore être le cas dans la rectification
de l'illusion de Sinsteden. On sait que Sinsteden, voyant la
miniature lointaine d'un moulin à vent tournant sur le ciel gris,
put, au gré de son caprice, voir tourner les ailes de gauche à droite
aussi bien que de droite à gauche. Au principe de cette illusion il
y a une confusion dans la profondeur : étant donnée la distance,
l'observateur ne peut distinguer quelle est l'aile la plus éloignée.
Si l'observateur imagine l'aile de gauche comme la plus proche,
en s'élevant cette aile traduit un mouvement dextrogyre. Si au
contraire, l'observateur imagine l'aile de gauche comme la plus
éloignée, en s'élevant cette aile traduit un mouvement sinistror-
sum. Il suffit d'un clin d'œil et d'un peu de liberté dans l'imagination du spectateur pour faire rétrograder les ailes. Voici alors
l'unique moyen de rectification : si nous pouvons intégrer un
détail sur la miniature, fixer par exemple une fenêtre sur le bâti-
ment du moulin, aussitôt cet approfondissement de l'image
réduit la liberté d'interprétation. Nous donnons alors un relief
d'ordre représentatif, d'ordre intellectuel, à l'objet lointain
et tout rentre dans la loi naturelle. Comme le dit très bien
J. Paliard dans un bel article sur l'*Illusion de Sinsteden*, « les
conditions intellectuelles, qui nous font créer la profondeur,
utilisent, dépassent et dissimulent tout ensemble les conditions
de motricité auxquelles elles se surajoutent »[1].

1.*Revue philosophique*, mai 1930, p. 379.

Il faut cependant remarquer que les conditions intellectuelles qui interviennent vraiment dans la vision restent en rapport étroit avec les expériences musculaires complexes des sensations visuelles. On s'abuserait si l'on donnait à l'activité intellectuelle une action positive et formatrice dans le domaine d'une expérience aussi primitive que la vision. Quelle que soit notre liberté spirituelle dans le règne des conceptions abstraites, il n'en est pas moins vrai que c'est avec la rétine qu'on imagine. On ne peut pas transcender les conditions rétiniennes de l'imagination. L'esprit peut bien briser des images, interrompre des efforts. Il peut bien aussi préparer tout un monde de constructions abstraites. Mais quand il voudra retourner vers des compositions réelles et imagées, il lui faudra reprendre le canevas fondamental sur lequel travaille sans hâte la rêverie, en savourant le fruit défendu des hallucinations lilliputiennes.

Chapitre III

LUMIÈRE ET SUBSTANCE *

Si on pouvait la développer dans toute son ampleur, l'histoire de la photochimie ou, plus généralement, l'histoire des rapports expérimentaux établis entre la lumière et les substances chimiques serait très instructive pour le philosophe. Cette histoire montrerait, en effet, la faillite des méthodes baconiennes et le danger permanent d'une pensée substantialiste. Elle conduirait à révoquer de nombreux privilèges expérimentaux accordés à l'intuition matérialiste. Elle permettrait de mieux juger la difficile élaboration des relations précises et particulières à partir d'une expérience d'abord vague et générale. On verrait que le *général* – attaché à la matière – ne désigne pas l'*essentiel* – attaché à la radiation : car c'est grâce à l'étude de la radiation que les problèmes temporels de l'énergie peuvent être posés correctement et qu'on saisit pour la première fois l'homogénéité essentielle entre la matière et l'énergie. Sur le problème précis de la photochimie pris sous sa forme la plus récente, on aurait alors un clair exemple du nouvel esprit scientifique en même temps qu'une mesure de la valeur métaphysique de la science contemporaine. On saisirait le *non-baconisme* de l'expérimentation

* *Revue de métaphysique et de morale*, 1934, t. XLI, p. 343-366.

guidée par la philosophie mathématique. On remarquerait enfin le besoin de distinction primant le besoin d'identification, le pluralisme ordonné et complet de l'expérience primant l'unité naturelle et immédiate de l'intuition. Peut-être suffira-t-il de tracer quelques tableaux isolés, pris au cours des derniers siècles, pour faire apparaître les différences essentielles qui sont soudain intervenues dans la doctrine du savoir. Nous n'aurons même pas besoin de remonter au-delà du XVIIIe siècle pour faire sentir, par contraste, la portée métaphysique des nouvelles doctrines. Plus courte sera l'histoire, plus nette sera la démonstration.

Sur le problème précis que nous choisissons, la science du XIXe siècle se révèle comme une pensée pré-scientifique, marquée par le réalisme naïf, satisfaite par une doctrine du général plus propre à écarter les questions qu'à les susciter. Ce qui peut tromper à cet égard, c'est que la science du XIXe siècle est sortie progressivement de la science antécédente, en gardant beaucoup de la pensée primitive. Mais ce qui a fécondé et bouleversé la pensée scientifique du XIXe siècle, c'est la Physique mathématique, ce n'est pas la Physique d'observation. C'est la partie abstraite et mathématique des analogies qui a suscité les variations de l'expérimentation. Quand la pensée mathématique se ralentit, la doctrine de la Physique retombe dans l'information matérialiste. Becquerel note que, vers 1793, la Physique connut un déclin d'autant moins justifié que la Chimie faisait alors de rapides progrès : « À cette époque, la Physique était peu cultivée en France, et surtout d'une manière moins philosophique qu'elle ne l'avait été quelques années auparavant par Lavoisier, Laplace et Coulomb »[1]. Il faut attendre les hypothèses fresnelliennes pour voir l'action décisive des scèmes abstraits dans la production des expériences variées. Cependant, si, au XIXe siècle, l'évolution scientifique reste mêlée et saccadée, au XXe siècle les problèmes changent de sens. On est de plus en plus porté à désigner une matière par les radiations qu'elle émet ou qu'elle

1. A.C. Becquerel, *Traité de Physique considérée dans ses rapports avec la Chimie et les Sciences naturelles*, Paris, Didot frères, 1842, t. I, p. 1.

absorbe. La Photochimie correspond en fait à une nouvelle doctrine de la réaction chimique. Fixons donc rapidement les phases principales de cette révolution épistémologique.

I

Au XVIIIe siècle, la Chimie est donc nettement matérialiste. Elle est d'ailleurs – et elle le restera longtemps – l'école du matérialisme savant. Pour la plupart des savants de cette époque, la lumière ne peut être qu'une matière ou l'attribut sensible d'une matière. On n'en veut pour preuve que la coopération de la lumière et de la matière. La transformation de la lumière en matière parait toute naturelle. Newton lui-même, l'ennemi des hypothèses, nous livre en ces termes le principe de ses méditations : « Ne peut-il se faire une transformation réciproque entre les corps grossiers et la lumière ? Et les corps ne peuvent-ils pas recevoir une grande partie de leur activité des particules de la lumière qui entrent dans leur composition ? Car tous les corps fixes qui sont échauffés jettent de la lumière pendant tout le temps qu'ils conservent un degré suffisant de chaleur ; et, à son tour, la lumière s'arrête dans les corps (…). Pour ce qui est du changement des corps en lumière, et de la lumière en corps, c'est une chose très conforme au cours de la nature qui semble se plaire aux transformations. Par la chaleur, elle change l'eau en glace, qui est une pierre dure, pellucide, cessante et fusible ; et cette pierre revient en eau par le moyen de la chaleur (…). Et l'eau exposée durant quelques jours en plein air prend une teinture qui, comme celle de l'orge germée dont on fait la bière, acquiert avec le temps un sédiment et un esprit et qui, avant que d'être corrompue, fournit une bonne nourriture aux animaux et aux plantes. Or, parmi ces transmutations si diverses et si étranges, pourquoi la nature ne changerait-elle pas aussi les corps en lumière et la lumière en corps ? » [1]. Mme Metzger, qui a réussi si parfaitement à pénétrer dans la pensée des chimistes du XVIIIᵉ siècle et à donner à cette pensée son maximum de cohérence, n'hésite pas à signaler dans ces pages « le désordre qui régnait dans les observations, les classifications et les nomenclatures de la théorie chimique d'alors ». Comme on le voit de reste, l'unité théorique s'accomplit ici sur un thème nettement substantialiste. Le réalisme naïf que nous devons sans cesse dénoncer ne peut manquer d'apparaître dans cet exemple comme funeste à l'expérimentation progressive. On le voit se mettre à l'abri d'une généralisation indéfinie susceptible de tout assimiler.

Il est très remarquable que le passage retenu par Mme Metzger pour indiquer le pont entre les théories de la lumière, de l'atomistique et de la gravitation ait frappé également Grove [2]. Sans doute, au moment où il écrit son important ouvrage, en 1842, Grove cherche sur un tout autre plan l'unité expérimentale et théorique ; mais il semble admettre encore que les rêveries de Newton désignent bien le problème, tant est grande et durable la forcé des analogies d'origine substantialiste. L'optique newtonienne prendra d'ailleurs une tout autre valeur quand elle s'occupera des phénomènes précis de la couleur des lames minces. La doctrine des accès sera, en effet, susceptible d'une traduction mathématique et, comme telle, elle suscitera des questions fructueuses. Par la suite, dans le même domaine, la supériorité des hypothèses fresnelliennes sera surtout d'ordre mathématique. Ces hypothèses bénéficieront du fait que la Mécanique se rationalise mieux que la Chimie substantialiste. Mais on va voir immédiatement la fausse lumière apportée par l'intuition substantialiste.

Pour cela, poursuivons notre enquête en nous adressant plus spécialement à des chimistes du XVIIIᵉ siècle, et choisissons des textes aussi récents que possible. En 1778, il y a à peine un siècle

---

1. Cité par Mme Metzger, *Newton, Stahl, Boerhaave et la Doctrine chimique*, 1930, p. 71-73.

2. W.R. Grove, *Corrélation des forces physiques*, trad. Abbé Moigno, Paris, Germer Baillière, 1867, p. 178.

et demi, Macquer se demande « si la chaleur et la lumière appartiennent à une seule et même substance ou à deux substances différentes »[1]. À cette question baconienne, la méthode baconienne ne fournit pas de réponse : il y a, dit Macquer, « des raisons très fortes pour l'une et contre l'autre de ces opinions ». Et cette contradiction ne l'amène pas à rectifier la question mal posée ! Un chimiste ne peut alors imaginer qu'un phénomène n'appartienne pas à une substance. Macquer n'indique d'ailleurs qu'un nombre très restreint d'expériences où intervient la lumière. On doit être frappé de ce fait quand on considère la prodigieuse activité expérimentale de Macquer. Il parlera des effets de la lumière sur certaines matières colorées ; mais, comme il le remarque lui-même, ce sont là des effets singuliers qui mériteraient des recherches supplémentaires. Il notera surtout l'action de la lumière sur les végétaux, car la végétation est, à cette époque, conçue systématiquement comme un intermédiaire général qui a un rôle essentiel dans l'unité de plan de la Nature. La science cherchait alors une unité naturelle. La science contemporaine cherchera plutôt une unité rationnelle. D'après Macquer, c'est la lumière qui produira « l'huile » des végétaux ; « le règne végétal entier est le grand atelier dans lequel la Nature fait les premières combinaisons de la matière du feu, probablement par le moyen de leur action organique vitale et par un mécanisme qui nous est entièrement inconnu ; mais ce que nous commençons du moins à connaître assez bien, ce sont des faits qui prouvent la grande influence de la pure matière dans la végétation »[2]. La lumière apporte, par le moyen d'une participation substantialiste, ses propriétés aux substances avec lesquelles elle se combine ; « la propre substance de la lumière se fixe dans toutes les plantes, et entre matériellement dans la composition du seul de leurs principes qui soit combustible, c'est-à-dire de leur partie huileuse »[3]. Cette *participation* va encore plus loin.

1. Macquer, *Dictionnaire de Chimie*, Paris, 1778, t. II, p. 165.
2. Macquer, *op. cit.*, t. II, p. 292.
3. Macquer, *op. cit.*, t. III, p. 142-143.

Il semble que ce soit la lumière qui fournisse le principe substantiel des couleurs : « Je suis très porté à croire, avec la plupart des chimistes, que [la lumière] devient... la cause de toutes les couleurs ; et le sentiment que Opoix a exposé dans deux bons Mémoires insérés dans le Recueil de M. l'Abbé Rosier, me paraît avoir beaucoup de vraisemblance : cet habile Chimiste, qui a rassemblé et comparé, d'une manière satisfaisante, un grand nombre de phénomènes dont l'ensemble est très propre à prouver que non seulement la lumière est le principe matériel de toutes les couleurs, mais encore qu'en devenant, par sa fixation, le phlogistique des corps, elle produit chaque espèce de couleur suivant la manière dont elle est combinée ». Si l'on va à l'origine de cette intuition, on en reconnaît facilement la clarté naïve : c'est toujours l'image de l'absorption matérielle qui explique tout. On croit être suffisamment instruit par l'expérience d'une matière qui s'imprègne d'eau. Cette expérience est un beau type d'une expérience vague et immédiate à laquelle on accorde un privilège d'explication. Lémery, qui avait rencontré certaines substances phosphorescentes, appelait la pierre de Bologne une éponge de lumière [1]. Il ne serait pas difficile de montrer que cette intuition reste vivace et qu'elle offusque longtemps la claire vision des problèmes scientifiques de l'absorption de la lumière, de la chaleur et des diverses radiations. Tant que l'idée d'absorption s'appuie sur la simple intuition substantialiste, elle clôt toute recherche. C'est une analogie qui masque à peine la tautologie de l'explication.

Vingt ans après Macquer, au début même du XIXe siècle, on trouvera dans Fourcroy une analyse encore bien superficielle des rapports de la lumière et de la matière. Pour Fourcroy, « la coloration dépend de la nature de la surface des différents corps, comme la transparence dépend de la forme de leurs pores ; et toutes deux naissent des modifications que la lumière éprouve soit de la surface, soit de l'intérieur des corps sur lesquels elle

---

1. Il s'agit en réalité de la pierre de Bologne, sel de baryum, qui attira l'attention de Daguerre lui-même au début de ses travaux sur la photographie.

tombe. Ce que l'on appelle la couleur bleue ou rouge est produit par la décomposition du faisceau lumineux dont tous les rayons sont absorbés, excepté le bleu ou le rouge » [1]. C'est encore à cette explication toute verbale qu'on a recours actuellement dans l'enseignement élémentaire pour donner une raison simple et claire d'un fait complexe et obscur : la matière *renverrait* purement et simplement ce qu'elle n'absorbe pas ; elle absorberait ce qu'elle ne renvoie pas. C'est à cette double affirmation que se borne sur ce point la science d'un bachelier. Le philosophe y voit cependant un progrès sur le réalisme naïf, puisque cette affirmation péremptoire revient à dire que la couleur n'est pas une qualité première, mais bien une qualité seconde. En fait, le problème est naturellement beaucoup plus compliqué et ce *renvoi* de la lumière par la matière demande de longues recherches et pose de multiples problèmes.

Au surplus, si l'absorption est un thème valable pour une explication *générale,* on devrait être *a priori* très circonspect devant une absorption *sélective*, à moins d'admettre qu'on ne prétend que nommer les phénomènes et nullement les expliquer. D'ailleurs Fourcroy est loin d'être débarrassé de la doctrine matérialiste de la lumière. Ces rayons qui se réfléchissent à la surface des corps sont pour lui de la lumière *libre* et, à cette occasion, un scrupule de chimiste substantialiste ne tarde pas à réapparaître : « Mais doit-on se borner à considérer (la lumière) ainsi libre et isolée ? Ne doit-il pas en être de ce corps comme de tous ceux que nous connaissons ? N'obéit-il pas comme eux à l'attraction chimique ? Cette conjecture est d'autant mieux fondée que les effets de la lumière ne paraissent pas se borner aux modifications de sa course et de son mouvement, produites par la surface des corps ; en effet, si les substances qu'on expose à son contact, ou qu'on tient plongées dans ses courants, éprouvent quelque altération et changent de nature sans aucune autre cause connue, il faut bien que ces changements soient dus à la lumière, que ce

1. A.-F. de Fourcroy, *Éléments d'Histoire naturelle et de Chimie*, 5e éd., an II (1794-1795), t. I, p. 111-112.

corps en soit l'agent, et qu'il les produise par une attraction chimique. Quoique l'art ne soit point encore parvenu à prouver d'une manière positive si ces altérations dépendent de la décomposition de la lumière, ou de celle des corps qu'elle altère par son contact, ou, enfin, de l'une et de l'autre à la fois, ce qui est très vraisemblable, les faits qui annoncent cette influence sont trop nombreux et trop frappants pour qu'il soit permis de les oublier ». Et Fourcroy fait état, lui aussi, des actions de la lumière sur les végétaux. C'est la lumière qui donne aux végétaux leur couleur, leur saveur, leur odeur, leur combustibilité, – bel exemple d'une argumentation rivée à l'expérience sensible immédiate. La pensée pré-scientifique a tendance à croire qu'une table de présence dégage d'autant plus sûrement la causalité que cette table est plus vaste et plus hétéroclite. En fait, les lois causales s'apprennent sur des phénomènes techniques plutôt que sur des phénomènes naturels, et nous sommes certains maintenant que l'action générale de la lumière sur les végétaux ne peut de prime abord nous permettre de dégager les rapports de la lumière et de la matière.

Ainsi, au seuil du XIXe siècle, la science des actions chimiques de la lumière n'arrive pas vraiment à se constituer. À sa base, une intuition matérialiste, qui est une occasion d'effacement et de monotonie pour les problèmes ; à son sommet, une conception globale et générale des phénomènes de la lumière qui ne peut indiquer aucun des facteurs à distinguer ; voilà une double raison de l'inefficacité expérimentale de la photochimie primitive. On ne pouvait guère espérer qu'un catalogue de faits hétéroclites, que des remarques décousues d'ordre qualitatif. On n'avait aucun élément susceptible de mesure ; on n'avait même aucun indice pour déterminer dans quelle voie les phénomènes pouvaient recevoir une description détaillée et précise.

II

Le problème philosophique n'est pas mieux posé. Il est frappant, par exemple, de voir un Schopenhauer, par ailleurs si averti de tout ce qui a égard aux sciences biologiques, accumuler à propos des sciences physiques et chimiques les pires affirmations substantialistes.

Schopenhauer écrira tranquillement à propos de la lumière : « Il ne manque pas de récipients dont la matière lui est impénétrable : nous ne pouvons cependant l'enfermer, puis la lâcher. C'est tout au plus si la pierre de Bonon et certains diamants la conservent quelques minutes. On a cependant parlé, dans ces derniers temps, d'un ouate de chaux violet, nommé pour cette raison *chlorophane* ou *émeraude de feu*, qui, exposé quelques minutes seulement à la lumière solaire, resterait brillant pendant trois ou quatre semaines (…). Tout fluate de chaux devient brillant par la caléfaction, nous devons conclure que cette pierre transforme facilement la chaleur en lumière, et que pour cette raison l'émeraude de feu ne transforme pas la lumière en chaleur, comme d'autres corps, mais la rejette en quelque sorte non digérée (…). Ainsi donc, c'est seulement quand la lumière, rencontrant un corps opaque, s'est, d'après la mesure de son obscurité, transformée en chaleur et s'est assimilé la nature plus substantielle de celle-ci, que nous pouvons la remarquer »[1]. Pour donner un sens à ce texte, on est réduit à accepter des degrés dans l'acte substantiel, degrés qui peuvent sans doute s'interpréter facilement dans la théorie du *vouloir-vivre* de Schopenhauer, mais qui n'offrent de toute évidence aucun intérêt pour une explication physique du phénomène.

Dans la réflexion, la lumière fait la preuve de la plus simple matérialité : elle suit les lois du rebondissement des solides. Mais, dans la réfraction, au dire de Schopenhauer, « elle révèle aussi sa volonté, en préférant et en choisissant, parmi les corps

1. A. Schopenhauer, *Parerga et Paralipomena*, « Philosophie et Science de la Nature », trad. A. Dietrich, Paris, Alcan, 1911, p. 51 et *Philosophie et science*, Paris, Le Livre de poche, 2001, p. 55-56.

qui lui sont ouverts, c'est-à-dire les corps transparents, les plus épais ». Ainsi, le métaphysicien s'exprime, au milieu du XIXe siècle, dans des termes qui rappellent étrangement le langage naïf d'un physicien du XVIIIe siècle. Schopenhauer va même plus loin dans l'explication anthropomorphique. La lumière « tombe-t-elle obliquement sur une surface plane, elle se détourne toujours à son entrée et à sa sortie, de sa voie, pour se diriger vers la masse, à laquelle elle tend en quelque sorte la main en signe de bienvenue ou d'adieu. Sa courbe aussi témoigne de cette aspiration vers la matière. Dans sa réflexion elle rebondit, il est vrai, mais une partie d'elle passe; c'est là-dessus que repose ce qu'on nomme la polarité de la lumière ». Cette dernière affirmation prouve naturellement une ignorance complète des phénomènes scientifiques. Elle doit d'autant plus nous frapper que Schopenhauer n'hésite pas à s'en prévaloir pour attaquer le mécanisme et que ce n'est point là une remarque donnée en passant avec légéreté, mais bien l'affirmation d'une méthode. « Cet exposé des propriétés de la lumière est le seul, dit-il, qui puisse donner l'espoir d'approfondir sa nature ».

Qu'on poursuive, d'ailleurs, la lecture de tout l'opuscule et l'on verra jusqu'à quelles illusions peut aller un grand esprit. On rencontrera, par exemple, l'explication de la pellucidité des corps qui sont transparents à l'état liquide et opaques à l'état solide. Cette transformation serait due à une « aspiration particulière vers l'état solide (qui) se montre en une forte affinité, ou amour, pour la chaleur, comme l'unique moyen d'y parvenir. Voilà pourquoi ils transforment aussitôt, à l'état solide, toute lumière qui leur arrive en chaleur; ils restent donc opaques, jusqu'à ce qu'ils soient devenus liquides; ensuite, ils sont rassasiés de chaleur et livrent passage à la lumière comme telle »[1].

On lira encore l'explication de « l'antagonisme du bruit et de la lumière » qui doit rendre compte du « fait » que « les bruits résonnent plus fort la nuit que le jour ». Voici la *théorie* proposée par Schopenhauer : « Cet antagonisme pourrait s'expliquer par le fait que l'essence de la lumière, tendant à des lignes droites absolues, amoindrirait, en pénétrant l'air, l'élasticité de celui-ci ».

1. *Id.*, p. 55 et *Philosophie et science*, Paris, Le Livre de poche, 2001, p. 60.

Ces exemples, qu'on pourrait sans peine multiplier, nous suffisent pour porter un jugement sur les intuitions de Schopenhauer. Ces intuitions ont la prétention d'être directes et générales. Le philosophe croit avoir pris un contact immédiat avec les faits naturels, et l'on se tromperait si l'on donnait trop d'importance aux quelques références bibliographiques qui vont d'ailleurs sans gêne de la *Chimie* de Neumann (1842) aux *Philosostratorum Opera* (1709), du *Sakountala* au *Traité d'Orfèvrerie* de Benvenuto Cellini. Schopenhauer domine et méprise cette science livresque ; la nature est là, tout ouverte, sous ses yeux perspicaces ! Or un contact direct et premier avec le phénomène fournit tout au plus des faits non-scientifiques, vagues, mal définis, mobiles, tout mêlés d'impressions passagères. Le fait scientifique ne peut de toute évidence être précisé sans un corps de précautions minutieuses. Il ne peut être défini sans un système théorique préalable. À l'époque où écrit Schopenhauer, c'est la mécanique qui fournit le système le plus évolué, donc le plus expressif et le plus fructueux. C'est donc du côté de l'optique mécanique, du côté de l'optique fresnellienne que l'on pouvait espérer des expériences scientifiques nouvelles et, conséquemment, une pensée métaphysique agissante. Retourner avec Schopenhauer à une explication directe, c'est retourner à une explication naïve, à une explication verbale qui n'a même pas le mérite de définir correctement ses termes.

On ne peut manquer d'être frappé en deuxième lieu des affirmations toutes réalistes de Schopenhauer. Pour lui, l'idée d'affinité matérielle est naturellement claire ; elle est si claire qu'elle pourra éclairer la psychologie. «On peut dire qu'une femme fidèle est unie à l'homme comme la chaleur latente à l'eau, tandis que la courtisane volage ne lui est superficiellement attachée que du dehors, comme la chaleur au métal ; tant qu'elle n'est pas sollicitée par un autre qui la désire plus vivement»[1]. Quel est le fait scientifique exact sur lequel s'appuie ici Schopenhauer ? C'est que la chaleur spécifique de l'eau est beaucoup plus grande que la chaleur spécifique des métaux. Voilà pourquoi votre femme est infidèle !

---

1. *Id.*, p. 49 et *Philosophie et science*, Paris, Le Livre de poche, 2001, p. 53.

C'est peut-être en suivant le grand métaphysicien dans les parties de ses écrits qui outrepassent les justes limites de l'intuition philosophique qu'on pourrait saisir le sens tout personnel de sa philosophie. Un psychanalyste verrait alors tout ce qu'il y a de volonté de puissance derrière la doctrine du vouloir-vivre. Il noterait tout ce qu'il y a d'avarice de célibataire dans le réalisme schopenhauerien. Ce réalisme, qui tient si mal au système philosophique, se rattacherait peut-être à l'homme. On comprendrait alors le sens profond des métaphores qui nous montrent les substances se rassasiant de lumière, les corps chimiques digérant la lumière, l'eau absorbant la lumière pour en faire de la chaleur en satisfaisant son avidité à s'évaporer. On irait ainsi jusqu'au fond de l'intuition d'*absorption*. On verrait que sa prétendue clarté objective n'est peut-être que le reflet d'une clarté subjective d'essence plus trouble. Ce n'est pas là une exception. En acceptant tout d'un seul regard, l'intuition donne l'adhésion irraisonnée et entière d'un être primitif séduit par la simplicité.

De toute manière il était sans doute intéressant de marquer l'origine des erreurs d'un grand esprit. Schopenhauer écrit au faîte de son génie, après de longues années de méditations et d'études, très averti des sciences biologiques de son temps. Il a cru qu'il pouvait aborder les sciences physiques avec le même esprit, décisif et génial ; il a eu foi dans l'intuition perspicace et rapide. Croyant saisir d'un seul coup le phénomène physique dans son essence, il ne s'est pas aperçu qu'il reprenait presque mot pour mot des explications naïves vieilles de plusieurs siècles ; il n'a pas vu que la clarté de ses théories physiques n'était que la clarté de tout anthropomorphisme. N'est-ce point la meilleure preuve que l'intuition première, dans l'ordre des sciences physiques, n'est qu'une première illusion ? N'est-ce point la preuve aussi que l'explication substantialiste immédiate est une explication trompeuse ? En Physique, il n'y a pas de route royale, il n'y a pas de route philosophique.

III

L'intuition matérialiste peut d'ailleurs revenir sous une forme plus ou moins détournée, sous un aspect plus scientifique, en conduisant à imaginer une conservation pure et simple de la force ou de la vibration, comme on imaginait au XVIIIᵉ siècle une conservation d'un fluide ou d'une substance spécifiques. L'inclination réaliste est parfois si peu discutée que l'idée fondamentale reste souvent ambiguë et qu'on ne sait guère comment interpréter certaines « conservations ». Tout ce qu'on comprend, c'est qu'on veut *conserver* quelque chose. Ainsi Grove rappelle avec empressement une ancienne idée de Stephenson : « George Stephenson avait une idée favorite, et cette idée, au moment présent, semblera plus philosophique qu'elle ne pouvait l'être de son temps ; il croyait que la lumière que nous obtenons la nuit du charbon ou d'un autre combustible, était une reproduction de la lumière venue du soleil, que les êtres à structure organique ou végétale auraient autrefois absorbée »[1]. On interprétera cette citation comme on le voudra, et c'est bien, à nos yeux, une des preuves de son caractère pré-scientifique, pré-expérimental. Ce que le charbon conserve, c'est, en effet, aussi bien un fluide qu'une vibration, aussi bien une qualité qu'une énergie. Mais, si l'on va à la racine de l'intuition, on trouve toujours la même idée simple : il s'agit d'une imprégnation, mieux d'un enrichissement. En réalité, les principes de conservation de la science du XIXᵉ siècle sont bien plus spécifiques qu'on ne l'avoue d'habitude. Il s'agit de *latences* qui ne détruisent pas réellement les qualités, qui se bornent à les mettre en suspens, en *attente* ; ce qui revient à dire que l'idée de *latence* est tout anthropomorphique. Les principes d'équivalence ne viennent qu'ensuite, comme une sorte de généralisation philosophique des principes de conservation spécifique. On les expose, d'ailleurs, avec une prudence toute positiviste, en se défendant de pénétrer dans le mécanisme de l'équivalence. Ils gardent ainsi leur clarté originelle, leur

1. W.R. Grove, *op. cit.*, p. 147.

force de conviction quasi naturelle. La pensée probabilitaire du XXᵉ siècle rencontrera ces idées de conservation matérielle, de conservation énergétique, d'abord comme des problèmes, bientôt aussi comme des obstacles psychologiques : car il faudra s'accoutumer à considérer ces conservations comme des résultats statistiques à établir et non plus comme des données immédiates et absolues à enregistrer. Il faudra, en somme, voir la complexité d'une idée simple, l'obscurité d'une idée claire.

Quand on considère l'abondance des questions théoriques qui entourent présentement toute expérience, on est porté à s'étonner que la photographie n'ait pas d'abord posé un plus grand nombre de problèmes théoriques à la photochimie. La raison de ce repos dans la simplicité de l'immédiat, c'est que la photographie a été, à ses débuts, une recherche essentiellement pratique, guidée, d'ailleurs, par des intuitions étonnamment réalistes. Ainsi Niepce se propose d'étudier les modifications sensibles que la lumière opère sur les corps, et il distingue ces modifications « par le nom de propriété *colorante*, propriété *décolorante* et propriété *solidifiante* » [1]. C'est cette propriété *solidifiante* qui permet la *matérialisation des simulacres*. Dans une notice décrivant son procédé au moment de son association avec Daguerre, Niepce écrira encore : « La lumière, dans son état de composition et de décomposition, agit chimiquement sur les corps. Elle est absorbée, elle se combine avec eux et leur communique de nouvelles propriétés. Ainsi elle augmente la consistance naturelle de quelques-uns de ces corps; elle les solidifie même et les rend plus ou moins insolubles, suivant la durée ou l'intensité de son action. Tel est, en peu de mots, le principe de la découverte » [2] (1829). Il suffira de se rappeler ces quelques citations et de rapprocher l'état d'esprit qu'elles supposent de la pensée théorique de notre temps pour voir que le physicien con-

---

1. D'après une pièce inédite publiée par Georges Potonniée, *Histoire de la découverte de la photographie*, 1925, p. 73.

2. Cité par G. Potonniée, *op. cit.*, p. 140.

temporain s'efforce de penser autrement, en essayant précisément de se libérer des images naïves et des intuitions premières.

Plus près de nous encore, on peut voir le conseil souvent imprudent donné par les intuitions immédiates. Ainsi, quand régnera sans conteste l'intuition des vibrations lumineuses, on n'hésitera pas à passer de cette idée théorique de vibrations lumineuses agissant sur l'éther à l'idée de vibrations mécaniques agissant *directement* sur les solides. Il y a là une matérialisation du mécanisme qui doit être soulignée, car on a trop souvent interprété la doctrine des ondulations lumineuses comme un simple vocabulaire d'expressions commodes. En fait, pour beaucoup d'esprits, la vibration lumineuse fut conçue uniquement comme une vibration matérielle. Par exemple, H. Vogel rappellera d'abord la vibration par résonance des cordes, et il ajoutera : « Certaines personnes font éclater un verre en poussant un cri strident. Le mouvement ondulatoire provoque des ébranlements assez violents pour déterminer la rupture. Il n'est donc pas étonnant que les vibrations de l'éther puissent, par des ébranlements analogues, produire dans les corps des modifications profondes. L'exemple le plus curieux de ce genre est fourni par le réalgar, minéral d'un rouge rubis, bien cristallisé, formé de soufre d'arsenic. Lorsqu'on expose ses cristaux pendant plusieurs mois à la lumière, ils deviennent friables et tombent en poussière. Le musée de Berlin a perdu ainsi plusieurs échantillons de ce beau minéral. Ce n'est là qu'une action mécanique des ondes lumineuses, ce n'est pas une action chimique (…). Les ondes lumineuses ébranlent les atomes du corps, c'est-à-dire qu'elles les font vibrer, et lorsque les vibrations de ses divers éléments ne sont pas homogènes, les éléments se séparent et le corps se décompose » [1]. Ainsi on est bien là devant une de ces explications immédiates et directes qui prétendent rendre compte du microphénomène avec les intuitions de la vie commune. Une telle

1. H. Vogel, *La photographie et la chimie de la lumière*, 1876, p. 41. Ce livre a été édité dans la Bibliothèque Scientifique Internationale qui a eu une très grande action sur la pensée philosophique à la fin du siècle dernier.

méthode tend à *simplifier* l'explication. Elle est bien éloignée de
la pensée théorique contemporaine qui cherche à compléter
le phénomène, à en rassembler tous les aspects, à en susciter
toutes les variations, à fonder vraiment des sciences intermé-
diaires, si fructueuses, comme, par exemple, la physico-chimie.
En fait, Vogel saisira l'occasion de cette observation singulière
pour distinguer les actions *physiques* et les actions *chimiques*
de la lumière, comme si la pensée scientifique devait se borner
à une classification baconienne comme une science *naturelle*.
Vogel indiquera, en effet, qu'il s'agit « d'une transformation
physique, car le réalgar pulvérulent reste ce qu'il était. Il se
reprend par fusion en des morceaux rouges compacts qui,
refroidis, s'effritent de nouveau à la lumière »[1]. Il nous serait
bien difficile maintenant de voir là un critérium susceptible de
distinguer deux domaines scientifiques différents.

   La science contemporaine va philosophiquement à l'inverse
de cet idéal analytique. Elle n'a point peur d'envisager la complexité des phénomènes. Avant de passer à l'examen de cette
complexité, prévenons encore une méprise : il ne faudrait pas
confondre ce souci nouveau du complexe organique avec cette
fuite dans l'inextricable par laquelle on se débarrasse de la tâche
d'expliquer. Donnons un exemple de ce retranchement dans
l'inextricable. Tyndall, en s'appuyant sur quelques expériences,
affirme que le pouvoir absorbant des corps pour la lumière augmente avec la complexité de leur structure moléculaire ; cette
observation donne aussitôt prétexte à de réels abus d'analogies.
Très curieuse, par exemple, cette page du P. Secchi qui, en 1874,
dans un livre célèbre, *explique* encore la Nature dans un style
digne du XVIIIᵉ siècle : « On peut, jusqu'à un certain point, expliquer [le résultat de Tyndall] ; il est facile aux ondes de l'éther de
contourner les molécules des gaz indécomposables à cause de la
forme de ces molécules qui, très probablement, est une forme
sphérique ou, tout au moins, celle d'un solide géométrique très
simple. Au contraire, dans les corps d'une structure compliquée,

les molécules sont anguleuses, polyédriques, et dès lors les mouvements vibratoires s'éteignent rapidement, de même que les corps mous et filamenteux assourdissent le son, et que les écueils forment obstacle à la propagation des vagues de l'océan et les brisent » [1]. On peut bien affirmer que Planck n'inscrirait pas volontiers ces légendes sous les images constituées par ses oscillateurs électriques. On voit de reste que la vibration est actuellement saisie dans ses caractères mathématiques. Le même mot de vibration n'a donc pas le même sens chez Vogel et le P. Secchi, d'une part, chez Planck, d'autre part. Quand la Physique mathématique contemporaine se sert d'images, elle emploie ces images *après* l'équation, pour illustrer de véritables théorèmes. La science réaliste antécédente emploie, au contraire, les images *avant* la pensée, croyant pouvoir fonder une science réaliste de la mesure en s'appuyant partout et toujours sur des objets. Les travaux modernes ont montré des dangers de cette philosophie scientifique.

Abordons donc maintenant l'examen des thèses contemporaines en nous bornant à dégager les traits philosophiques de la nouvelle pensée.

IV

Sur le problème de l'absorption du rayonnement par la matière, tel qu'il est posé par les recherches dérivées de la loi de Kirchhoff, on peut voir tout de suite un progrès évident de la philosophie scientifique moderne. Même sous la forme la plus voisine de la grossière intuition substantialiste, on a, cette fois, l'avantage d'une variable expérimentale bien désignée, d'une fonction susceptible de mesure. En effet, on définit enfin avec précision l'intensité lumineuse ; on sait comparer les intensités par des méthodes photométriques de plus en plus rigoureuses, les mesurer en énergie par des méthodes radiométriques. On peut

---

1. Le RP. A. Secchi, *L'unité des forces physiques, essai de philosophie naturelle*, 2ᵉ éd., trad. par le docteur Deleschamps, Paris, Savy, 1874, p. 201.

donc étudier mathématiquement la loi d'absorption en l'impliquant dans des constructions théoriques qui sont susceptibles de vérifications d'autant plus probantes qu'elles sont plus éloignées des tautologies de la mesure immédiate.

Mais cette substitution de l'expérience organisée à l'observation immédiate ne donne pas encore la vraie valeur de la mathématisation de l'expérience physique. En suivant la science contemporaine, on peut voir que l'intuition même de l'absorption cesse d'être une intuition-réponse pour devenir une intuition-thème de recherches en liaison avec la géométrisation des substances. Ainsi, pour les corps organiques, on remarquera que l'absorption sélective des couleurs est liée à certains groupements atomiques. On ne se bornera pas à dire que telle substance chimique absorbe la lumière, on remarquera que cette substance doit sa qualité absorbante à un radical et que ce radical, dont le schéma est de prime abord tout théorique, est le véritable *chromophore*.

L'expérience photochimique vient précisément apporter un argument de plus pour la constitution de ce radical chimique. Une doctrine intermédiaire se fonde. Une expérience particulière prend une valeur générale, elle éclaire des domaines éloignés de son domaine d'origine. Nous sommes donc philosophiquement sur les voies de la chimie *extensive*, et cela à propos de la qualité la plus opaque, la plus compacte, la plus grossièrement substantialiste qu'on se bornait jadis à énoncer sous la forme catégorique d'attribution : l'encre absorbe la lumière, l'encre est noire.

On ne manquera pas d'objecter qu'il n'y a là qu'un déplacement de la fonction substantialiste et que la science contemporaine parle du groupement chromophore de la même manière que la science immédiate du XVIIIᵉ et du XIXᵉ siècles parlait de la couleur d'une substance particulière. Cette objection fait bon marché de la complexité des théories modernes. Il suffit de se reporter à un livre général comme celui du professeur Henrich pour se rendre compte de l'effort de synthèse réalisé dans la doctrine de la coloration[1]. On verra comment la coloration est devenue un motif de classification structurale, étant entendu que cette classification structurale est de prime abord schématique, théorétique, à mi-chemin entre la convention et la représentation. Le raisonnement inductif ne joue plus alors sur les corps eux-mêmes, comme une pensée matérialiste, il joue sur leur schéma, comme une pensée théorique. On peut donc chercher, poussé par des vues théoriques, à *constituer* un corps coloré. Il s'agit non plus d'une trouvaille, mais bien d'une construction. On construit une couleur comme une maison, sur un plan. Pour rendre compte de certains aspects de la pensée expérimentale et technique moderne, on pourrait dire que la série des colorations existe avant la série des colorants. Le véritable problème chimique consiste à réaliser, à substantialiser une loi pour constituer un colorant. Mais on sait bien théoriquement dans quelle voie on doit s'avancer; on sait que le groupement chromophore peut en quelque manière pousser la coloration dans un sens ou dans un autre, vers le rouge ou vers le violet, suivant que le groupement est bathochrome ou hypsochrome. On connaît en quelque manière la technique de la qualification. On a rendu la qualité mobile; on sait la poser sur un degré particulier d'une échelle de corps. De toute façon on peut dire que la technique de la coloration relève désormais d'un schématisme spécial plutôt que d'une connaissance naturelle, immédiate et directe.

Les considérations sur l'auxochromie fournissent d'ailleurs des critères chimiques particulièrement délicats. Elles ont apporté à Kauffmann de nombreuses preuves du caractère mobile et fragmentaire des valences. On a pu reconnaître, par exemple, que le noyau benzénique n'est pas un bloc mort et immuable, mais une formation extrêmement sensible que des adjonctions peuvent faire varier. Ainsi la coloration conduit à une sorte de chimie structurale fine, bien différente des désignations massives d'une science « naturelle ».

---

1. F. Henrich, *Les théories de la Chimie organique*, trad. Thiers, 1925. Voir, en particulier, p. 399 à 511.

Le problème ne va, d'ailleurs, pas rester sur le plan structural, et des notions toutes nouvelles apparaîtront dans la science quand on considérera plus spécialement les rapports de la radiation et de la matière. On va voir apparaître alors un principe intermédiaire qui jouera peu à peu un rôle primordial. Il est bien évident, en effet, qu'un chimiste moderne n'imagine plus la lumière comme une qualité qui s'empreint sur un corps chimique, ainsi que le faisait Lémery. La pensée du chimiste passe par l'intermédiaire, en quelque manière homogène, de l'énergie de la radiation lumineuse qui vient augmenter l'énergie de la molécule. Au problème de qualification substantielle va succéder un problème de quantification énergétique. Voilà le nouveau principe scientifique, le principe qui va fonder la micro-énergétique comme une doctrine de pensée homogène. C'est par le caractère énergétique que les rapports de la lumière et de la matière vont pouvoir être exprimés mathématiquement. D'ailleurs, on voit poindre ici la photochimie contemporaine sous forme de questions bien spécifiques. Comme le remarque Berthoud : « Il est clair qu'une molécule qui a absorbé de l'énergie rayonnante se trouve par là modifiée. Le changement ne constitue pas, cependant, une transformation chimique au sens ordinaire de ce terme et ne peut être représenté par les formules structurales usuelles. Sa nature était autrefois totalement inconnue. Les conceptions nouvelles sur la constitution électronique de la matière ont jeté une certaine clarté sur cette question »[1]. En d'autres termes, la lumière peut déterminer des modifications plus fines que la chimie ; elle peut tirailler sur les liens sans les rompre. Elle est éminemment propre à nous éclairer sur les qualités énergétiques des structures (en admettant, *dans un style réaliste*, que les structures sont des réalités). On peut dire tout aussi bien que la photochimie est éminemment propre à nous éclairer sur les qualités structurales de l'énergie (en admettant, *dans un style réalisant*, que l'énergie est la valeur profonde qui se réalise en certains points de l'espace-temps). Dans cette dernière

---

1. Berthoud, *Photochimie*, Paris, 1928, p. 19.

expression, la notion d'individualité est aussitôt plus souple, moins permanente, plus apte à traduire les divers degrés de l'objectivation. Ce simple déplacement d'adjectif suffit, croyons-nous, pour transmuter les valeurs substantives et pour préparer une conversion logique du réel. Si le philosophe, désabusé des grandes dialectiques de la pensée et de l'être, voulait suivre la dialectique de l'énergie et de la substance, il ne tarderait pas à se rendre compte du déclin du réalisme immédiat. Or, si le réel n'est point immédiat et premier, il perd sa valeur originelle. Il a besoin de recevoir une valeur conventionnelle. Il faut qu'il soit repris dans un système théorique. Là comme partout, c'est l'objectivation qui domine l'objectivité ; l'objectivité n'est que le produit d'une objectivation correcte. Or les problèmes de l'objectivation énergétique, si nouveaux pour la pensée scientifique, se présentent dans des voies bien éloignées des voies traditionnelles du réalisme matérialiste. Cette objectivation paraît irrémédiablement dans des statistiques. Sa sécurité n'est pas à la base, elle est au sommet. On ne peut l'affiner qu'en approfondissant nos connaissances probabilitaires, en multipliant nos expériences, en cherchant plutôt l'extension que la compréhension. Autant dire encore que l'objectivation de la microphysique ne saurait s'appuyer du premier coup sur un objet, aller ensuite d'un objet à un objet, répétant la mise en relation de un à un. Elle ne peut commencer son éducation arithmétique par les petites collections. Les grandes collections sont les premiers thèmes d'étude. Il faut ensuite inférer le petit à partir du grand, tenter le difficile et périlleux passage du complexe au simple, risquer des simplifications. En particulier, il ne se peut pas qu'une énergie accumulée sur un point attende placidement l'observateur et soit indifférente, comme un objet, à la détection. Il faut toujours étudier le problème de la *réalisation* de cette richesse énergétique ; les anciennes difficultés philosophiques que soulevait le rapport des énergies potentielles et actuelles se rencontrent fatalement dans tous les problèmes des échanges énergétiques. Dès l'instant où l'énergie devient le véritable « objet » de la recherche scientifique, le réalisme d'un monde de solides immobiles cesse d'être la racine primitive de l'objectivation. On voit donc de reste que l'étude des rapports de la radiation et de la matière est une étude privilégiée pour l'éducation du nouvel esprit scientifique.

Quoi qu'il en soit, d'ailleurs, de la portée de ces remarques générales, il est bien sûr que la photochimie est placée à un point d'inflexion épistémologique qui doit attirer l'attention du métaphysicien soucieux de s'instruire près de la science positive. Naturellement, ce point d'inflexion est difficile à préciser. C'est là que résident toutes les difficultés métaphysiques des nouvelles doctrines. Veut-on un exemple du caractère essentiellement ambigu des problèmes de la photochimie ? Qu'on médite le fait dialectique suivant : si l'on apporte un quantum d'énergie à une molécule, elle peut l'absorber en modifiant sa structure ; elle peut aussi l'absorber en augmentant son énergie de translation, et c'est ainsi que de l'énergie lumineuse est transformée en chaleur. Mais cette énergie de translation, acquise au dépens d'un quantum, on ne voit plus les caractères de sa quantification. Nous sommes donc devant ce dilemme métaphysique : ou bien la molécule absorbe structuralement le quantum ; et elle est pour ainsi dire *déqualifiée*, en ce sens qu'elle change brusquement de qualité, – ou bien la molécule absorbe thermiquement le quantum, et c'est l'énergie qui est en quelque sorte *déquantifiée* ; c'est le discontinu qui peut s'étaler en continu. Qualité, quantité, continuité, discontinuité, autant d'apparences qui s'échangent dans les éléments de la microphysique, dans les atomes, dans les molécules et peut-être encore dans certaines organisations cristallines. Devant des amas trop gros, qualité et quantité cessent leur jeu dialectique, et c'est ainsi que le philosophe éduqué par le sens commun prend la qualité et la quantité comme des attributs stables et bien séparés de la matière. Il divise même la connaissance en deux domaines et parle de connaissances qualitatives et quantitatives. Il pose la qualité indépendante de la quantité. Il ne s'aperçoit pas que la qualité est indépendante de la quantité seulement dans le cas où la quantité est indéterminée, c'est-à-dire si grande qu'on ne voit plus les conditions de la quantification. Au niveau même des attributs de la substance, la pensée analytique se révèle donc périlleuse. Au contraire, le complexe forme-énergie et le complexe plus général qualité-quantité qui apparaissent dans la microphysique et la photochimie doivent suggérer des méthodes synthétiques. En résumé, la science a besoin de jugements métaphysiques qui seraient des jugements synthétiques *a priori*.

Il paraît bien difficile de formuler ces jugements à partir d'un objet isolé, par exemple à partir d'un atome ou d'une molécule. Ainsi l'hypothèse d'Einstein, qui voudrait que chaque molécule qui a absorbé un quantum de lumière active subisse effectivement une transformation chimique, est sans doute trop simple. Elle conduit à une formule de l'équivalence photochimique qui ne donne qu'une approximation des lois expérimentales. Si la molécule activée par absorption d'un quantum entrait tout de suite en réaction chimique avec une autre molécule, le rendement photochimique serait bien maximum. Mais, en fait, un certain temps peut s'écouler entre l'absorption du quantum et l'action chimique subséquente. Ce délai suffit pour introduire des questions statistiques; d'autant plus que la molécule activée se trouve en quelque manière devant un luxe de comportements possibles :

1) Elle gardera purement et simplement son surcroît d'énergie, en s'alourdissant d'autant, par une sorte d'intégration matérielle ;
2) Elle réémettra son gain d'énergie sous forme de radiation ;
3) Elle entrera en réaction chimique avec d'autres molécules ;
4) Elle brisera le quantum et le transformera en énergie cinétique continue.

Cette énumération donne sans doute une faible mesure de la *totalité* des possibilités du réel microphysique qui peut aussi bien être matière, radiation, énergie chimique, mouvement continu. On pourrait alors dire que la réalité microphysique est en quelque sorte toujours à la croisée des chemins et qu'il n'est possible de la prévoir que d'une manière probabilitaire. Sera-telle chose, radiation, réaction, mouvement ? De quel côté faut-il en chercher la manifestation ? Nous n'avons, sur ce domaine pourtant essentiel, que des prévisions probabilitaires. Ainsi, d'après M. Perrin, « la probabilité d'une transformation du quantum de lumière absorbé en énergie cinétique serait d'autant plus élevé que le quantum est plus grand ; la probabilité d'une réémission sous forme de lumière serait donc plus grande pour les petits quanta que pour les grands » [1]. Cette remarque justifie certains déplacements de bandes de fluorescence conformes à la règle de Stokes. On voit du reste combien il est difficile d'arithmétiser cette probabilité, car on va d'états quantifiés à des états non quantifiés. On est à la frontière du discontinu et du continu, de la chose et du mouvement. On ne doit pas s'étonner que les formules de correspondance manquent encore quand on se rappelle l'hétérogénéité des intuitions à rapprocher.

Voici alors une intuition singulière. Le choc est, tout bien considéré, un phénomène de la macrophysique. Nous n'en connaissons pas les circonstances et les caractères microphysiques. Il semble que dans l'instant même où il se produit nous fermions les yeux, nous arrêtions notre examen. Nous nous bornons à étudier l'énergie cinétique avant et après le choc et, suivant le bilan, nous définissons un choc élastique ou un choc non-élastique, dialectique facile et superficielle. Or la photochimie nous suggère un intermédiaire : elle nous conduit à introduire systématiquement le rayonnement entre les deux bilans d'énergie cinétique. Cette idée a été très clairement mise en œuvre dans un génial mémoire de Perrin [2]. Sans doute, bien des points de ce mémoire ont dû être rectifiés pour rendre compte de tous les faits expérimentaux, mais l'intuition dont il procède reste entière et puissante. Sous la forme générale, l'hypothèse radiochimique revient à affirmer que toutes les réactions chimiques sont des réactions photochimiques, autrement dit qu'il ne peut y avoir modification structurale que par l'intermédiaire d'une énergie radiante, énergie nécessairement quantifiée, mise sous forme rythmique, comme si les symétries ne pouvaient être modifiées que par des rythmes. Cette hypothèse développe toutes les consé-

---

1. Berthoud, *op. cit.*, p. 45.

2. M. Haïssinsky, *L'atomistique moderne et la chimie*, 1932, p. 307.

quences de la double structure de l'énergie quantifiée dans le rayonnement et dans la matière. L'énergie radiante et l'énergie interne se transforment l'une dans l'autre en restant homogènes. Comme le dit M. Haïssinsky, « l'hypothèse admet la possibilité de transformations réciproques de l'énergie radiante et de l'énergie interne des molécules, puisqu'elle considère la molécule (ou l'atome) comme un vibrateur auquel correspond, pour une structure donnée, une certaine fréquence de vibration ; en subissant une transformation, le vibrateur prend une nouvelle structure »[1], il prend aussi une nouvelle fréquence. Le phénomène est d'ailleurs réversible. On devra donc compléter chaque terme d'une équation chimique par un terme représentant les valeurs radiantes. Il ne peut y avoir une modification moléculaire sans qu'interviennent des échanges d'énergie quantifiée. Par exemple, pour les réactions monomoléculaires, on doit écrire par molécule-gramme :

$$A \mp Nh\nu_1 \rightleftarrows A' + Nh\nu_2$$

ν_1 et ν_2 étant les fréquences capables d'activer respectivement A et A'. L'ancienne équation purement chimique était :

$$A \rightleftarrows A' ;$$

elle n'indiquait pas l'intervention énergétique des radiations ; elle apparaissait comme une sorte de contagion incompréhensible d'une modification structurale. Selon M. Perrin, l'équation complète est valable[2] « non seulement pour des réactions thermiques, mais pour tous les processus où le vibrateur, qui émet ou absorbe, est un atome ou un électron. Le mécanisme de toutes les réactions serait donc d'un caractère universel, photochimique, et consisterait soit en une absorption d'énergie radiante qui provoque une certaine réaction, soit en une émission de la même énergie qui provoque la réaction inverse. Perrin a montré que l'hypothèse radiochimique est de la sorte applicable aux phénomènes de radioactivité, phosphorescence et fluorescence,

1. M. Haïssinsky, *L'atomistique moderne et la chimie*, 1932, p. 307-308.
2. M. Haïssinsky, *op. cit.*, p. 311.

variations d'état physique, vitesse de cristallisation, évolution des étoiles, etc. ».

À vrai dire, Perrin a proposé lui-même, en 1926, de rétablir le choc comme cause possible de réaction, mais il maintient une sorte d'équivalence causale entre l'énergie du choc et l'énergie de radiation. Voici, en effet, son principe résumé par M. Haïssinsky : « Si une certaine espèce de transformation moléculaire est obtenue par l'action d'une certaine lumière, elle peut également être obtenue par l'action de certains chocs ; réciproquement, si une transformation est produite par des chocs (dus, par exemple, à l'agitation moléculaire), elle se produit également sans chocs, par la simple exposition à une certaine lumière ».

Cette restauration de l'idée de choc est peut-être éphémère. Devant les conséquences chimiques du choc, devant le choc, en quelque manière, constructif, on sent bien que l'intuition de deux solides qui se rencontrent est trop pauvre. Il est, d'ailleurs, à présumer que l'énorme variation des vitesses dans le temps du choc doit faire intervenir des ondes d'accélération. Le choc devra donc, plus ou moins indirectement, être analysé dans ses caractères ondulatoires et l'énergie d'un choc ramenée à l'énergie d'une vibration. On sent alors que l'acte chimique devra tôt ou tard être analysé dans l'espace-temps, d'autant qu'une énergie se transforme comme une fréquence d'après les doctrines de la Relativité. Un changement dans l'organisation spatiale de la matière s'accompagne fatalement d'un changement énergétique et, par conséquent, d'un changement dans l'organisation temporelle de la radiation. Sans doute, on voit encore bien mal les détails de ces correspondances. Mais on en pressent la nécessité et le caractère essentiel dès qu'on a compris le caractère réel et synthétique de l'espace-temps.

Dès lors, l'idée de substance, tout entière fondée sur la séparation absolue de l'espace et du temps, devra être sans doute profondément modifiée. On voit assez la lente mais progressive usure qu'elle a subie au cours de l'évolution de la pensée scientifique. Devant ses derniers échecs, le réalisme s'est contenté de déplacer les affirmations substantialistes ; ainsi, il a traité la conservation de l'énergie avec la simple pensée qui lui rendait claire la conservation de la matière. Mais comment dire maintenant que l'énergie est de près ou de loin une *substance*, une *constante*, un *élément permanent* quand un des types les plus généraux, les plus agissants de l'énergie s'exprime comme le produit d'une constante universelle par une *fréquence* ? Il nous semble, au contraire, fort évident que la substance a quitté en quelque sorte le spatial pour le temporel. Il faut alors retourner l'axe de la culture intuitive. Ce n'est plus la matière qui doit fournir la première leçon. C'est la radiation. C'est la lumière. L'échec du matérialisme spatial est complet. Il ne faut plus expliquer la lumière par la matière. Il faut expliquer la matière par la lumière, la substance par la vibration.

Chapitre IV

CRITIQUE PRÉLIMINAIRE DU CONCEPT DE FRONTIÈRE ÉPISTÉMOLOGIQUE *

Le concept de limite de la connaissance scientifique a-t-il un sens absolu? Est-il même possible de tracer les frontières de la pensée scientifique? Sommes-nous vraiment enfermés dans un domaine objectivement clos? Sommes-nous asservis à une raison immuable? L'esprit est-il une sorte d'instrument organique, invariable comme la main, limité comme la vue? Est-il astreint du moins à une évolution régulière en liaison avec une évolution organique? Voilà bien des questions, multiples et connexes, qui mettent en jeu toute une philosophie et qui doivent donner un intérêt primordial à l'étude des progrès de la pensée scientifique.

Si le concept de limite de la connaissance scientifique semble clair à première vue, c'est qu'on l'appuie de prime abord sur des affirmations réalistes élémentaires. Ainsi, pour limiter la portée des sciences naturelles, on objectera des impossibilités toutes matérielles, voire des impossibilités spatiales. On dira au savant: vous ne pourrez jamais atteindre les astres! Vous ne pourrez

* Actes du VIIIᵉ Congrès international de philosophie, Prague (2-7 septembre 1934), Prague, Orbis, 1936, p. 3-9.

jamais être sûr qu'un corpuscule indivisé soit indivisible! Cette limitation toute matérielle, toute géométrique, toute schématique est à la source de la *clarté* du concept de frontières épistémologiques. Naturellement on a toute une série d'interdictions plus relevées mais aussi brutales. On objectera par exemple l'impossibilité de triompher de la mort, de connaître l'essence de la vie, l'essence de l'esprit, l'essence de la matière. Peu à peu, d'une manière plus philosophique, on entourera la pensée par un ensemble de positions prétendues *essentielles*. En d'autres termes, on refusera à la pensée discursive la possibilité de connaître les *choses en soi* et on attribuera à une pensée plus intuitive, plus directe, mais non scientifique, le privilège de connaissances ontologiques. Les partisans de la limitation métaphysique de la pensée scientifique se donneront aussi le droit de poser *a priori* des *bornes qui sont sans rapport avec la pensée qu'elles limitent*. Cela est si vrai que le concept obscur de chose en soi est utilisé presque inconsciemment pour spécifier les *impossibilités* des sciences particulières. Ainsi, le métaphysicien répétera: vous ne pouvez dire ce qu'est l'électricité en soi, la lumière en soi, la matière en soi, la vie en soi.

Or nous ne devons pas être dupes de la fausse clarté de cette position métaphysique. En fait, pour prouver que la connaissance scientifique est limitée, il ne suffit pas de montrer son incapacité à résoudre certains problèmes, à faire certaines expériences, à réaliser certains rêves humains. Il faudrait pouvoir circonscrire entièrement le champ de la connaissance, dessiner une limite *continue* infranchissable, marquer une frontière qui *touche* vraiment le domaine limité. Sans cette dernière précaution, on peut déjà dire que la question de frontière de la connaissance scientifique n'a aucun intérêt pour la science. L'esprit scientifique serait alors fort capable de prendre de faciles revanches. Il pourrait arguer qu'*un problème insoluble est un problème mal posé*, qu'une expérience décrite comme irréalisable est une expérience où l'on place l'impossibilité dans les données. Trop souvent l'énoncé d'une limitation implique une condamnation à échouer parce que le problème impossible impose déjà une méthode de résolution défectueuse.

Insistons sur ce point et nous allons voir que la constatation d'une *impossibilité* n'est nullement synonyme d'une limitation de la pensée. Par exemple, qu'on ne puisse résoudre la *quadrature* du cercle, cela n'apporte nullement la preuve d'une infirmité de la raison humaine. Cette impossibilité prouve purement et simplement que le problème de la *quadrature du cercle* est mal posé, que les données de la géométrie élémentaire ne sont pas suffisantes pour cette solution, que le mot *quadrature* implique déjà une méthode de solution vicieuse. Il faut donc laisser au mathématicien le soin d'énoncer à nouveau la question intuitivement mal posée ; il faut lui donner le droit de mettre en œuvre une méthode de transcendance appropriée au problème judicieusement rectifié. Pour jouer tout de suite la difficulté, on pourrait arguer d'une manière analogique que le problème de la mort est en quelque sorte le problème de la quadrature du cercle biologique et qu'il est sans doute bien mal posé quand on en réclame la solution au niveau de l'humain, par exemple comme le maintien d'une personnalité dont nous n'avons pas même au cours de notre vie la garantie qu'elle est vraiment une et permanente. On nous demande de conserver ce que nous ne possédons pas. Pour résoudre le problème insoluble de la mort, il faudra sans doute avoir recours à des transcendances expérimentales, à des transcendances biologiques, au sens même du mathématicien qui complète son matériel d'explication devant un nouvel objet mathématique.

Mais en suivant son adversaire sur ce terrain, l'esprit scientifique ne tend qu'à montrer qu'au besoin il serait beau joueur. En réalité le débat n'est pas là. Ce n'est pas à propos d'interdictions lointaines et brutales qu'il convient de discuter. La science seule est habilitée à tracer ses propres frontières. Or pour l'esprit scientifique, *tracer nettement une frontière, c'est déjà la dépasser*. La frontière scientifique n'est pas tant une limite qu'une zone de pensées particulièrement actives, un domaine d'assimilation. Au contraire, la frontière imposée par le métaphysicien apparaît au savant comme une sorte de frontière neutre, abandonnée, indifférente.

Il est d'ailleurs très facile de prouver que la pensée scientifique est par essence une pensée en voie d'assimilation, une pensée qui tente des transcendances, qui suppose la réalité avant de la connaître et qui ne la connaît que comme une réalisation de sa supposition.

Commençons par le point le plus délicat qui offre le plus d'occasion de discussion. Essayons en effet de donner des exemples de *transcendances expérimentales*. Précisons d'abord ce que nous entendons par là.

Avant tout il faut comprendre que l'expérimentation contemporaine est de toute évidence fondée sur une hétérogénéité de l'expérience sensible. Il est vraiment trop commode d'effacer cette hétérogénéité en proclamant qu'après tout, toutes les données utilisées par la Physique sont des données sensibles. Il nous semble, au contraire, qu'on doive sérier les données, qu'on puisse aussi se demander si les données expérimentales sont de même espèce, si elles correspondent toutes à des éléments naturels. Dès qu'on formule nettement cette question, on sent qu'une position vraiment *sensualiste* de la science n'est plus possible. Tout au plus les qualités et les grandeurs sensibles sont prises par la science comme des signes de qualités et de grandeurs objectives différentes. Toujours l'expérimentation sort du domaine de l'observation première, au point qu'on puisse dire que l'expérimentation cherche plutôt à contredire l'observation qu'à la confirmer. En suivant le développement historique de la Physique, il serait facile d'accumuler les exemples de transgression des domaines expérimentaux. Tel serait le cas de la thermologie qui cherche des explications cinétiques, de l'optique qui cherche des explications mécaniques, de la chimie qui cherche des explications électriques. Qu'on prenne n'importe quel phénomène naturel ! On verra que la pensée scientifique l'étudie moins dans une analyse que dans une synthèse ; elle lui impose des schèmes étrangers à ses traits phénoménologiques saillants ; elle tente d'en déceler les formes par des déformations. En un mot, elle se présente comme franchement hétérogène au phénomène primitif. Que subsiste-t-il de la Physique immédiate de l'électricité du XVIIIe siècle dans la science électrique de notre époque ? Cette Physique immédiate n'a même presque aucun rôle dans l'enseignement élémentaire. Qu'on songe seulement à l'importance donnée aux réactions biologiques de l'électricité aux premiers temps de la science et l'on comprendra le déclin de la phénoménologie immédiate. Voilà longtemps que les *frontières de l'observation primitive* ont perdu toute valeur non seulement pour comprendre l'expérience mais encore pour donner une juste définition des phénomènes de base. Or si la notion de frontière épistémologique avait vraiment un sens positif, on en verrait les vestiges dans la culture, on retrouverait les cadres de l'observation dans les schémas de l'expérimentation. Il n'en est pas ainsi, les frontières anciennes n'apparaissent guère que comme la marque de l'esprit borné, elles désignent mieux l'erreur que la vérité.

Naturellement nous ne marquons dans cette courte communication que les points de départ de la transcendance expérimentale. C'est là que notre thèse est la moins claire. Si nous avions le loisir de suivre l'évolution de l'atomistique contemporaine, les transcendances expérimentales nous apparaîtraient étagées avec la plus grande netteté. Qu'on remonte seulement à deux ans en arrière. Qu'on se rende compte du peu d'espoir qu'on avait de constituer une science du noyau atomique ! Il semblait bien que si la frontière atomique pouvait être dépassée, du moins la frontière nucléaire devait être infranchissable. On sent d'ailleurs que ces expressions sont simplement calquées sur un schématisme spatial. Tout le problème changerait de face si l'on prenait des intuitions nouvelles, en s'instruisant par exemple auprès des intuitions de la mécanique ondulatoire. On verrait alors que les problèmes de l'atomistique ne se posent pas nécessairement sous forme d'un dessin de régions interdites, de domaines emboîtés les uns dans les autres, enfermant nécessairement un centre au mystère transcendantal.

Nous pouvons donc admettre comme démontré que l'expérience transcende l'observation. Or dès qu'on transcende les frontières de l'observation immédiate on découvre la profondeur métaphysique du monde objectif. Le voile de Maya est soulevé. L'intuition critiquée se révèle illusion. Voici tout de suite une confirmation de mon optimisme rationaliste : *Le monde caché sous le phénomène est plus clair que le monde apparent. Les premières constitutions nouménales sont plus solides que les agglomérations phénoménales.* Au surplus, les frontières de l'expérimentation sont en quelque manière moins opaques, moins oppriments, que les frontières naturelles de l'observation première. En effet, si une expérience rectifie une observation immédiate, elle le fait en s'appuyant sur des expériences coordonnées qui s'éclairent l'un l'autre. Ne donnons qu'un exemple, aussi élémentaire que possible : la chute des corps telle qu'elle se présente immédiatement est troublée par la résistance de l'air à tel point que la loi est défigurée. On fera d'abord une expérience en uniformisant ou en supprimant les perturbations. Mais la loi s'éclairera quand elle prendra une forme mathématique, quand on pourra en prévoir et en étendre les conséquences mathématiques. D'une manière générale, tous les progrès scientifiques se présentent comme un redoublement de preuves, comme des confirmations indirectes. Les plus frappantes des vérifications sont les plus indirectes. Ainsi *la cohérence finit par primer l'évidence.*

Or la cohérence du savoir entraîne un approfondissement de l'expérience objective au point qu'on peut dire qu'il y a plus de possibilités dans l'organisation rationnelle que dans l'organisation naturelle. Ainsi il y a davantage de substances chimiques dans le laboratoire que dans la nature. Certains corps chimiques créés par l'homme n'ont pas plus de réalité que l'Énéide ou la Divine Comédie. Par certains côtés, il ne nous semble pas plus utile de parler des frontières de la Chimie que des frontières de la Poésie.

Il ne faudrait pas croire que cette mathématisation indéfinie du noumène scientifique soit le résultat d'une simple abstraction.

Des essais récents ont été faits pour définir les phénomènes scientifiques comme de simples séries de mesures effectivement réalisées. Une telle méthode reviendrait encore à cantonner la pensée scientifique dans une sorte de *phénoménologie métrique*, à enfermer la science dans le règne de la quantité comme la philosophie sensualiste prétendait enfermer la pensée objective dans le règne des qualités sensibles. Or ces thèses de *métrique étroite* oublient précisément la pensée mathématique transcendante qui organise dans des formes toutes nouvelles les simples données des mesures instrumentales. Il y a de toute évidence substitution du noumène métrique au phénomène métrique et la pensée qui organise l'expérience n'est nullement une simple traduction de l'organisation métrique découverte dans le phénomène. La pensée organisante a une tout autre valeur inductive. Dans ces conditions, il serait imprudent de partir des abstractions métriques préliminaires pour fixer une frontière métaphysique de la science du phénomène. Ainsi, à notre avis, les mesures ont à peine achevé de fournir leurs données abstraites et relatives que la pensée mathématique se développe comme une pensée fort apte à donner des schèmes de concrétisations expérimentales.

Peut-on tirer quelques conclusions des remarques précédentes ? Il nous semble que ces conclusions pourraient être de deux sortes : scientifiques et philosophiques.

Scientifiquement, la frontière de la connaissance ne paraît marquer qu'un arrêt momentané de la pensée. Elle serait difficile à tracer objectivement. Il semble que c'est plutôt en termes de programme que d'obstacle absolu, en termes de possibilité plutôt que d'impossibilité que la limitation de la pensée scientifique est désirable. On souhaiterait que chaque science pût proposer une sorte de plan quinquennal.

Philosophiquement, toute frontière absolue proposée à la science est la marque d'un problème mal posé. Il est impossible de penser richement une impossibilité. Dès qu'une frontière épistémologique paraît nette, c'est qu'elle s'arroge le droit de trancher à propos des intuitions premières. Or les intuitions premières sont toujours des intuitions à rectifier. Quand une méthode de recherche scientifique perd sa fécondité, c'est que le point de départ est trop intuitif, trop schématique, c'est que la base d'organisation est trop étroite. Le devoir de la philosophie scientifique semble alors très net. Il faut ronger de toutes parts les limitations initiales, réformer la connaissance non-scientifique qui entrave toujours la connaissance scientifique. La philosophie scientifique doit en quelque manière détruire systématiquement les bornes que la philosophie traditionnelle avait imposées à la science. Il est à craindre en effet que la pensée scientifique ne garde des traces des limitations philosophiques. En résumé, la philosophie scientifique doit être essentiellement une pédagogie scientifique. Or, à science nouvelle, pédagogie nouvelle. Ce dont nous manquons le plus c'est d'une doctrine du savoir élémentaire d'accord avec le savoir scientifique. Bref les *a priori* de la pensée ne sont pas définitifs. Eux aussi doivent subir la transmutation des valeurs rationnelles. Nous devons réaliser les conditions *sine qua non* de l'expérience scientifique. Nous demandons par conséquent que la philosophie scientifique renonce au réel immédiat et qu'elle aide la science dans sa lutte contre les intuitions premières. Les frontières opprimantes sont des frontières illusoires.

CHAPITRE V

IDÉALISME DISCURSIF *

Aucune idée isolée ne porte en soi la marque de son objectivité. À toute idée il faut adjoindre une histoire psychologique, un processus d'objectivation pour indiquer comment cette idée est parvenue à l'objectivité. Si intuitive que soit l'origine d'une idée, aucune contemplation ne nous livre cette idée d'emblée. Comment d'ailleurs avoir l'assurance que notre être soit lui-même tout entier dans la contemplation la plus concentrée? La pensée commence par un dialogue sans précision où le sujet et l'objet communiquent mal, car ils sont tous deux des diversités dépareillées. Il est aussi difficile de se reconnaître comme sujet pur et distinct que d'isoler des centres absolus d'objectivation. Rien ne nous est pleinement et définitivement donné, pas même nous-mêmes à nous-mêmes. La direction générale où nous devons chercher l'objectivité ne se reconnaît pas à un indice initial. D'un autre côté, quand nous exigeons, comme le suggère la prudence, des preuves *multiples* pour la conscience vraiment substantive, nous voyons se troubler en nous le sens même de l'intimité. Autrement dit, le sujet pur s'éloigne dès que nous avons reconnu la nécessité de purifier les intuitions premières.

* *Recherches philosophiques*, 1934-1935, p. 21-29.

J'ai besoin de penser quelque chose pour me penser quelqu'un ; j'ai besoin d'un critérium de vérité objective pour établir un critérium de la croyance intime. C'est la réflexion sur l'expérience du *cogito* qui donne à Descartes son critérium de clarté et de distinction. Inversement, dès que le doute nous touche, nous perdons tout d'un même coup : nous-même et le monde. Pour reconquérir la vérité objective et la conscience il faudra ensuite de lentes manœuvres. Ce ne sera que de proche en proche et sans jamais se référer à des pôles absolus que l'on pourra légitimer les progrès de l'objectivation et de la subjectivation. Ainsi on jugera de la valeur objective d'une idée par la place que cette idée occupe dans le processus d'objectivation qu'on doit nécessairement lui adjoindre pour la rendre claire, efficace, communicable. On jugera de la concentration subjective par la série d'efforts qu'il faut faire pour se garder identique à soi-même dans la diversité et le flux des intuitions et des pensées.

Si les lignes de subjectivation et d'objectivation sont si mal dessinées et si irrégulières, il est sans doute imprudent de les supposer purement et simplement inverses l'une de l'autre. Il est vain aussi de partir d'une expérience centrale bien désignée qu'on analyserait au double point de vue objectif et subjectif. La précision du point de départ n'influe pas sur la sûreté de la démarche. Psychologiquement, l'objectivité est toujours en danger, elle a constamment besoin d'être reconquise, elle doit constamment être doublée d'une conscience explicite de l'objectivation. Il faut donc méditer sur un rythme oscillatoire d'objectivation et de subjectivation. Il faut penser et se voir penser. L'idéalisme a besoin de détours pour trouver sa voie. Si l'objectivité a besoin d'être reconquise, elle a besoin aussi d'être perdue pour qu'on en sente et le prix et le sens, pour qu'on l'éprouve sur des plans divers et qu'on lui donne le soutien des corrélations. C'est au point qu'on peut proposer un paradoxe pédagogique à la base même de la culture : l'objectivité d'une idée sera d'autant plus claire, d'autant plus distincte qu'elle apparaîtra sur un fond d'erreurs plus profondes et plus diverses. C'est précisément en fonction du nombre et de l'importance des erreurs antécédentes que se mesure le critérium de distinction posé comme différent du critérium de clarté. Autrement dit encore, pour bien faire valoir le prix d'une idée objective, il faut la replacer dans le halo des illusions immédiates. Il faut errer pour aboutir.

Ainsi toute objectivation procède d'une élimination des erreurs subjectives et, psychologiquement, elle vaut comme une conscience de cette élimination. Ce n'est pas tant une question de fait qu'une question de droit. Une vérité n'a son plein sens qu'au terme d'une polémique. Il ne saurait y avoir de vérité *première*. Il n'y a que des erreurs *premières*. On ne doit donc pas hésiter à inscrire à l'actif du sujet son expérience essentiellement malheureuse. La première et la plus essentielle fonction de l'activité du sujet est de se tromper. Plus complexe sera son erreur, plus riche sera son expérience. L'expérience est très précisément le souvenir des erreurs rectifiées. L'être pur est l'être détrompé.

*

Voyons alors poindre les premières lueurs de l'objectivité. L'objectivité apparaît au niveau d'un détail, comme une tache sur un tableau. Alors que l'intuition semblait nous donner tout d'un seul regard, la réflexion s'arrête sur une difficulté particulière. Elle objecte une exception. Dès son premier effort, l'esprit se manifeste dans une polémique pleine d'arguties. L'intuition est de bonne foi, l'esprit paraît donc de mauvaise foi. Pour mieux dire, il n'a pas de foi. Il est heureux de douter. Il s'installe dans le doute comme dans une méthode, il pense en détruisant, il s'enrichit de ses abandons. Toute réflexion systématique procède d'un esprit de contradiction, d'une malveillance à l'égard des données immédiates, d'un effort dialectique pour sortir de son propre système. Il serait si facile d'organiser une pensée subjective d'accord avec les illusions premières. Pourquoi aussi, de vous à moi, associer nos rêveries placides et tenter de créer des communautés intellectuelles ? Que chacun reste chez soi, enfermé dans sa pensée subjective, tout au culte d'une raison qui resterait *personnelle* ! Nous avons en notre aperception tout ce qu'il

faut pour coordonner une culture, pour amalgamer nos connaissances, pour totaliser nos souvenirs dans l'unité de notre conscience. Et pourtant nous dérangeons la paisible monarchie de
notre pensée solitaire ! Nous voulons soudain heurter le sens
commun, troubler l'illusion commune. Et – nouveau paradoxe –
c'est de cet effort pour imposer une pensée originale que naît en
l'homme la raison *universelle* ! C'est le détail qui dicte la loi ;
c'est l'exception qui devient la règle ; c'est le sens caché qui est le
sens clair !

À cette première conquête objective correspond une véritable conversion rationnelle. Jamais l'émerveillement d'un
esprit n'est si grand que lorsqu'il s'aperçoit qu'il a été trompé.
Cet émerveillement, ce réveil intellectuel, est la source d'une
intuition nouvelle, toute rationnelle, toute polémique, qui s'anime dans la défaite de ce qui fut une certitude première, dans la
douce amertume d'une illusion perdue. Alors la conscience de
l'être spirituel se double d'une conscience d'un devenir spirituel.
L'esprit se révèle comme un être à instruire, autant dire comme
un être à créer. La connaissance se dynamise par le fait même de
son historicité. Ayant une histoire, elle a un destin. Et cette histoire est pédagogique. Et ce destin est une volonté technique.
L'apodictique se substitue peu à peu à l'assertorique. On assiste à
la naissance d'un. psychisme nouveau : l'*orthopsychisme*.

L'esprit apprend aussi à *supposer* dès qu'il a compris que
toute position du donné peut être déplacée et jouer ainsi un rôle
provisoire. Le plein de l'être statique fait place aux ondulations
de l'être dynamique. Les vides de l'avenir interfèrent avec le
plein des impressions présentes. Les raisons de changer balan-
cent les raisons de demeurer. L'expérience elle-même se hiérar-
chise. Elle se dispose en série de réalité croissante ou plutôt de
réalisation croissante, le plus réel étant le plus rectifié, le plus
éloigné des notions premières. Le concret se révèle comme une
promotion de l'abstrait, puisque c'est l'abstrait qui fournit
les axes les plus solides de la concrétisation. L'objectivité ainsi
élaborée se dispose en profondeur sous le phénomène. Le noumène se multiplie et se mobilise. Les éliminations successives

des phénomènes généraux et fugaces débarrassent l'esprit des expériences lourdes et diverses. La véritable agilité spirituelle s'éveille dans l'abstraction et dans la coordination des idées. Un idéalisme immédiat qui recevait intuitivement les idées les unes à côté des autres restait un idéalisme monotone, car la seule action de l'esprit était de recevoir. L'idéalisme discursif qui co-ordonne et subordonne les idées commence dans la lenteur et la peine ; mais son inachèvement est une promesse d'avenir, la conscience de sa première faiblesse est une promesse de vigueur. L'esprit dynamisé prend conscience de soi dans sa rectification. Devant le réel rendu à l'objectivité, l'esprit en vient à penser l'objectivité, c'est-à-dire à se détacher soi-même de sa propre pensée. Devant la réalité organisée, l'esprit prend une structure. Il prend l'habitude de l'idéalisation. Par un retour sur soi, il arrive enfin à développer des thèmes idéalisants à l'égard de sa propre diversité. En parcourant l'échelle des valeurs objectives, il trouve une hiérarchie dans ses propres attitudes. Peu à peu la cul-ture de l'objectivité détermine un *subjectivisme objectif*. Le sujet, en méditant l'objet, élimine non seulement les traits irrégu-liers dans l'objet, mais des attitudes irrégulières dans son propre comportement intellectuel. Le sujet élimine ses singularités, il tend à devenir un objet pour lui-même. Finalement la vie objective occupe l'âme entière. Le passé lui-même reçoit des perspectives *régulières*, des thèmes régularisants, où les singula-rités ne sont plus que des accidents. La connaissance rationalisée forme des cadres pour une mémoire stable. Les cadres sociaux et rationnels soutiennent et portent en avant le subjectif. Sans eux, le souvenir s'écraserait dans la rêverie, il se fondrait dans les impressions présentes. Or, cette reconstruction claire du moi devant le non-moi et les souvenirs du passé est de toute évidence une suite de constructions essentiellement différentes. On la dési-gne mal quand on imagine un sujet fondamental simplement modifié par la culture. Si un sujet se saisit clairement et distinc-tement, c'est qu'il a pu se rectifier de fond en comble. Si une mémoire est riche et fidèle, c'est qu'elle a reçu les cadres temporels de la Cité. Si une âme vibre tout entière dans une pensée heureuse, c'est qu'elle a trouvé des résonances et des sympathies dans le monde objectif.

*

L'idéalisme immédiat, qui prend son départ dans une intuition globale donnant à la fois le sujet et l'objet, est ainsi doublement fautif : il est fautif en posant un sujet originellement constitué, alors que l'esprit est une valeur d'ordre essentiellement dynamique qui ne se manifeste pleinement qu'au moment même de sa reconstitution active et hiérarchique, comme la conscience bivalente d'un renoncement et d'un développement. L'idéalisme immédiat est encore fautif sur le terrain objectif quand il prétend prendre l'idée comme un absolu qu'on peut dégager par une analyse, alors qu'une idée est toujours solidaire de corrélations. Elle vaut par son rôle. Son rôle dépend de sa place. Elle est un instant du long discours que l'être propose à autrui, un instant de l'interminable monologue que la pensée tient avec elle-même. De toute manière l'idée correspond toujours à une modification spirituelle. Elle est vraiment un mode de l'âme. Quand une catégorie s'applique, elle procède par une élimination. Il y a dans toute conquête un sacrifice.

Peut-on alors méditer dans l'abstrait sur le sens métaphysique de la rectification ? Peut-on dégager une forme métaphysique de la déformation spirituelle, de la rectification en soi, en écartant toute référence à l'objet rectifié ? Ce serait remplacer les thèses de l'idéalisme par les thèses de l'idéalisation.

On peut tenter de dessiner cette perspective de la purification idéaliste.

Le sujet compris comme facteur de rectification, comme principe du redressement pour la volonté et la pensée, met nécessairement en doute la volonté antérieure, la conscience antérieure, la connaissance antérieure. Il voit soudain la versatilité du primitif, l'occasionalisme des causes premières, l'irréalité de la réalité première. Il se reconnaît comme contemporain du second temps de l'être, d'une refonte de l'être, d'un surcroît d'être.

Le sujet prend ainsi conscience de sa puissance de recueillement, de sa véritable solitude, de son retranchement possible, de son indépendance à l'égard du donné et conséquemment de la gratuité du donné. Tout ce qui lui était primitivement donné, il lui faudra peut-être le reprendre, mais du moins il y a maintenant entre le donné et le reçu un intervalle, un temps de réflexion et l'orgueilleuse attitude du refus, Sans doute, ce dont nous nous enrichissons en rectifiant nos premières illusions, en quittant le royaume des apparences, n'est peut-être qu'un domaine désert et indéterminé. Mais le servage empirique est aboli. L'esprit expérimente son indépendance à l'égard de l'expérience. En prenant conscience de mon erreur objective, je prends conscience de ma liberté d'orientation. Cette orientation libérée et réfléchie, c'est déjà le voyage potentiel hors du moi, à la recherche d'un nouveau destin spirituel. Je me trompais sur les choses. Je ne suis donc pas vraiment celui que je croyais être. Une erreur dans mon jugement objectif est un vice de constitution, un déficit de ma propre réalité substantielle. Mais, une fois rectifiée, cette erreur objective fournit le plan d'une construction intime intéressant le sujet lui-même. Vivant la rectification objective de la connaissance, le sujet a la révélation de sa propre puissance et de la possibilité d'un devenir spirituel. Ainsi la première illusion reconnue comme telle ouvre une double perspective infinie : le monde apparaît désormais comme le pôle d'une objectivation, l'esprit comme le pôle d'une spiritualisation.

Je ne me connais cependant point *distinctement* dans la simple intuition d'un élan spirituel. Il faut que je joigne à cette intuition le souvenir des stagnations passées. Je saisis alors dialectiquement l'augmentation d'être qui résulte de la conscience d'une erreur reconnue. Le *cogito* n'est distinct que s'il est ainsi discursif. Si je veux en reprendre le détail, j'en viens à une rectification mimée.

Mais les heures où le *cogito* distinct s'éclaire dans une conquête objective sont rares ; elles sont comme la conscience d'une naissance. Nous ne savons pas, hélas ! provoquer en nous les instants créateurs. La force de renouvellement de la pensée nous manque ; il faut souvent attendre le don de la conscience, la synthèse du moi et du non-moi, pour que la pensée ait la double confirmation de sa réalité. Le moi ne se confirme pas de soi-même, dans un fonctionnement à vide. Du moins ce fonctionnement à vide n'est point naturel, il n'est pas immédiat, il ne nous est pas accessible dans une intuition première. La méditation métaphysique doit donc entreprendre patiemment, par une longue discipline, d'éclairer l'être dans la perte de l'être, dans une sorte de *cogito* négatif, dans une pensée qui s'abstrait, dans une pensée qui se refuse, qui s'acharne à décroître. La hiérarchie des pensées est alors visible dans une anarchie progressive ; les dernières attaches désignent les liens essentiels. L'esprit se voit ainsi le mieux à la limite de soi-même. Descartes l'a bien senti qui a retenu l'existence dans le fait même de douter, dans le fait même d'être trompé. D'une manière simplement pédagogique, pour bien saisir le prix et le rôle d'une connaissance – et conséquemment la valeur et la vigueur de l'esprit – ne faut-il pas pouvoir refaire l'erreur en nous-mêmes ? C'est à cette condition qu'on peut revivre et fortifier une culture intellectuelle. Il est bon de considérer ainsi à côté de la méthode du dénombrement croissant celle du dénombrement décroissant. C'est à cette condition qu'on peut substituer la psychologie apodictique à la psychologie assertorique. Dans tous les domaines on verra la nécessité de la dialectique ontologique. Par exemple, que serait la *conscience* d'une force morale sans le souvenir de la tentation ?

Du côté même de la conscience de soi, c'est sur un thème dialectique et discursif que se développent les preuves *répétées*, autant dire les véritables preuves. En effet, la conscience claire de l'être est toujours associée à une conscience de son anéantissement. Si je sens l'être en moi, dans une expérience ineffable, c'est que je le sens renaître ; je le connais à force de le reconnaître ; je le comprends dans l'oscillation de l'être et du non-être, je le vois sur un fond de néant.

L'être ne reçoit pas non plus paisiblement ses apparences ; il est constamment en lutte contre ses apparences. D'ailleurs, puisqu'il comprend la notion d'apparence, c'est qu'il en est tour à tour la victime et le vainqueur. Il y avait en moi tant de caractères qui ne tenaient point à moi et qui troublaient la consistance logique de mon essence ! En les détachant de moi, je me constitue. Si je reprends confiance dans l'intuition pour décrire positivement mon être intime, du moins, par mes précautions discursives, j'aurai fait la preuve du caractère gratuit de certains de mes traits que je croyais personnels. Cette préparation discursive donne une nouvelle jeunesse à l'intuition. C'est en fermant les yeux qu'on se prépare à voir. Il faut revenir aux forces de tension spirituelle pour trouver l'être, mais il n'y a pas de tension sans détente préalable.

Se penser en tant qu'être, ce n'est pas seulement dépouiller les accidents de la culture et dévêtir le personnage historique, c'est surtout abjurer ses erreurs. Je ne me décrirai donc tel que je suis qu'en disant ce que je ne veux plus être. J'en viendrai tout naturellement à un exposé critique de l'être, à une détermination des valeurs ontiques. Mais comme je n'ai pas la certitude de posséder pleinement ces valeurs enrobées dans des projets, je ne m'apparaîtrai clairement à moi-même que comme la somme de mes renoncements. Mon être, c'est ma résistance, ma réflexion, mon refus.

Ce n'est d'ailleurs que dans le récit de mes renoncements que je prends pour autrui une apparence objective. C'est par la comparaison de nos renoncements que nous avons quelques chances de nous ressembler, c'est-à-dire de trouver ailleurs l'écho de notre volonté. C'est par le renoncement que le monastère est une communauté. En fait nous ne sommes originaux que par nos fautes. Nous ne sommes vraiment des êtres que par une rédemption. Cette rédemption a un sens foncièrement créateur. Une faute est toujours un déficit d'être.

L'effort métaphysique pour saisir l'être en nous-mêmes est donc une perspective de renoncements. Où trouver alors le sujet pur ? Comment puis-je me définir au terme d'une méditation où je n'ai cessé de déformer ma pensée ? Ce ne peut être qu'en poursuivant jusqu'à la limite cette déformation : *je suis la limite de mes illusions perdues.*

TABLE DES MATIÈRES

ACHEVÉ D'IMPRIMER
EN AOÛT 2002
PAR L'IMPRIMERIE
DE LA MANUTENTION
A MAYENNE
N° 268-02

Dépôt légal : 3ᵉ trimestre 2002